Bien vivre avec son diabète

Un nouveau départ pour une vie plus saine

Docteur en psychologie
Claudia-Victoria Schwörer

Docteur en médecine
Matthias Frank

VIGOT

Sommaire

Diplômée de psychologie, Claudia-Viktoria Schwörer a également étudié la pédagogie et la germanistique. Après plusieurs années comme rédactrice en chef, elle exerce aujourd'hui la profession d'auteur et de journaliste dans le domaine médical à Hambourg. Son projet est d'associer les découvertes de la médecine, de la psychologie et de la pédagogie. Depuis 1999, elle propose des sessions de formation pour médecins et conseillers spécialistes du diabète. Elle organise par ailleurs des conférences pour les non médecins dans le domaine de la santé.

Maître de conférences, Matthias Frank est médecin chef de clinique à Neunkirchen et Saarbrücken. Depuis 25 ans, il s'engage activement pour l'amélioration des thérapies de lutte contre le diabète. Il s'occupe pour l'essentiel de programmes de formation axés sur les aspects comportementaux des patients. Il est aussi membre du bureau de la fédération des diabétologues allemands, ainsi que du bureau de la fédération des cliniques allemandes spécialisées dans le diabète et président du comité de la formation continue au sein de la Société allemande de lutte contre le diabète. De 1996 à 1998, il a été rédacteur en chef du magazine « Diabetes Aktuell » et il est membre de différentes commissions consultatives nationales et internationales sur le diabète.

LES AUTEURS

Avant-propos

La plupart des individus chez qui l'on diagnostique un diabète de type 2 sont tout d'abord effondrés ; s'ils savent qu'il s'agit d'un « diabète sucré » ou d'un « diabète de l'adulte », ils ne savent pas ce que cette maladie signifie pour leur avenir et s'inquiètent de son incidence. Une chose est sûre : le diabète ne doit pas conditionner votre vie future, c'est à vous de décider de votre mode de vie à l'avenir. Considérez le diabète comme l'occasion rêvée d'un nouveau départ vers une vie plus affirmée et plus saine. Bien sûr, certains changements d'attitude seront inévitables pour aborder la vie plus assuré, plus dynamique, en meilleure forme et plein d'entrain. Oubliez toutefois les idées reçues sur la « volonté ». De la volonté, vous n'en avez jamais manqué. Vous devez simplement trouver la manière adéquate de convertir cette dernière en actes. Que la frustration et le renoncement ne sont pas des bons conseillers, vous l'avez déjà appris à vos dépens. Votre corps fonctionne suivant des schémas rigides et immuables contre lesquels la volonté et les actions précipitées ne peuvent rien. C'est là que réside le cœur du problème – tout comme sa solution. Sachez écouter votre raison et ne vous battez plus contre votre corps. C'est votre bien le plus précieux. C'est lui qui vous permet de bouger, de communiquer, de penser, d'aimer et de rire. Pour son bien-être, cela vaut la peine de voir les choses autrement et de mettre en œuvre un nouveau projet qui vous ouvre la voie vers une meilleure santé et une meilleure forme. Ce livre a pour objet de vous aider à trouver cette voie et à la suivre. Vous y découvrirez les stratégies et connaissances utiles du domaine de la médecine, de la psychologie et de la pédagogie, dont vous avez besoin pour mettre en œuvre votre projet de santé. Cependant, ni cet ouvrage, ni un praticien, ne peuvent vous dispenser de la partie la plus exaltante et la plus difficile : transposer les mots en actes. Vous seul êtes capable de le faire.

Docteur en psychologie Claudia-Viktoria Schwörer
Maître de conférences Matthias Frank

La douceur de la vie

On peut vivre avec le diabetes mellitus (« diabète
sucré ») ; pas besoin de régime ni d'activité sportive
éprouvante. Au contraire, l'un comme l'autre
seraient plus préjudiciables que bénéfiques.
Pour bien vivre avec votre diabète et rester mince
et en forme, il vous suffit de soutenir
les programmes biologiques de l'organisme
au lieu de les contrarier. Le corps s'occupe du reste.

Pas de panique
devant le diabète

« Vous avez du diabète ! ». Lorsqu'on demande à des patients ce qui leur est passé par la tête lorsqu'ils ont entendu ce diagnostic, ils ont tous à peu près la même réponse : « je vais devoir me priver de tout, fini les douceurs et les petits plaisirs ». Dans le même temps survient une question angoissante : « vais-je maintenant pouvoir réaliser ce que j'avais prévu dans ma vie ? ». Nombreux sont ceux qui s'imposent une discipline de fer, un régime draconien et un jogging quotidien pour vite faire échec au diabète. Mais après les premières semaines enthousiastes, ils reprennent leurs vieilles habitudes. Avec, en prime, une mauvaise conscience et une lutte quotidienne contre le diabète, censé réduire leur qualité de vie. Pourtant, ce n'est pas le diabète qui rend la vie difficile aux gens, mais bien plutôt les craintes, les peurs et les mauvaises résolutions, plus nombreuses chez les diabétiques de type 2 qu'il n'y a de vélos en Chine. Ce sont ces préjugés et ces idées erronées qui rendent la vie difficile, pas le diabète. On peut en effet facilement vivre avec cette maladie.

Le début d'une nouvelle étape dans votre vie

Le diagnostic d'un diabète de type 2 ne signifie pas la fin de votre vie actuelle, mais le début d'une nouvelle étape. Et tout dépend alors de la manière dont vous la voyez. Contrairement à un préjugé bien ancré, les diabétiques ne sont pas obligés de renoncer à quoi que ce soit. Personne n'est tenu de suivre un régime, même ceux qui ont quelques kilos de trop sur le ventre ou les fesses. Quelques changements sont certes nécessaires pour reprendre le contrôle du taux de glycémie, mais il suffit d'un peu de pratique et de patience.

L'expérience rend plus fort

Vous l'avez sûrement expérimenté à maintes reprises : chaque nouvelle étape dans la vie s'accompagne de changements qui – comme tout ce qui est nouveau – font d'abord un petit peu peur. Vous souvenez-vous de votre état lors de votre première embauche ? Ou à la venue de votre premier enfant ? Vous souvenez-vous des nombreuses craintes et angoisses qui vous ont tout d'abord assailli ? Et comment vous avez bien vite réussi à maîtriser ces situations nouvelles pour vous ? La capacité à aborder avec confiance les nouvelles étapes de la vie, même lorsqu'on « ne sait pas exactement à quoi s'attendre », est le signe de l'expérience. Au vu des défis que vous déjà relevés avec courage, celui qui vous attend est facile à affronter : vivre avec le diabète.

Faites ce qui vous plaît !

Le diabète n'est ni dérangeant ni douloureux et il n'est pas non plus visible. Nombreux sont les individus qui ignorent que leur taux de glycémie est anormalement élevé. Le traitement contre le diabète n'est pas un obstacle à vos objectifs. Les diabétiques peuvent faire carrière, avoir une vie de couple épanouie, voyager de par le monde, escalader le Mont Blanc ou passer l'hiver dans le Sud. Ils peuvent réaliser leurs rêves d'enfant et tous les souhaits longtemps caressés. Certes de nombreuses contraintes et bonnes raisons empêchent les individus de réaliser leurs rêves. Mais ce n'est pas la faute du diabète. Cependant, il convient de ne pas l'ignorer et de surveiller son taux de glycémie.

Surveillance du taux de glycémie

Jusqu'ici, vous avez traité votre corps comme si vous en aviez plusieurs exemplaires et que vous pouviez le remplacer à tout moment. Mais vous n'en avez qu'un – et il demande à être traité avec soin. Vous devez donc l'aider à rééquilibrer le taux de glycémie, par des mesures régulières et la prise de médicaments. Avec les appareils de mesure actuels, c'est un jeu d'enfant. Et même au cas où vous auriez besoin d'insuline, la dose n'est plus administrée par une désagréable seringue, mais dispensée à l'aide d'élégants stylos.

Par bonheur, votre corps n'est pas rancunier et il suffit de quelques changements seulement pour qu'il vous récompense amplement. En menant une vie plus saine, vous allez réduire votre taux de glycémie et réaliser d'autres souhaits : retrouver la minceur, la mobilité et la forme. Cette nouvelle manière de vivre vous permettra d'être en meilleure santé, ainsi que d'éprouver une plus grande sensation d'exister. Pour résumer, vous aurez plus d'élan, d'entrain et de joie de vivre.

Les difficultés de la communication

Il est souvent assez difficile de se comprendre à l'aide du langage. Ce dernier fait en effet échouer nombre de relations et d'amitiés. Ce phénomène est à son paroxysme lorsque médecins et profanes veulent communiquer. Les malentendus sont inévitables. Pour les premiers, il est en règle générale plus commode d'utiliser les termes techniques, plus précis que leurs transpositions dans le langage courant, mais incompréhensibles pour un non-initié en médecine. Même en dehors des termes de spécialité, il existe des labyrinthes linguistiques où les mots ont les significations les plus variées. Lorsque le médecin parle de « stabiliser » un diabète, cela n'a rien à voir avec la « stabilisation » de la production dans une entreprise. Et le conseil du praticien bien intentionné de « vie plus saine » éveille immédiatement chez la plupart des individus le spectre de régimes et d'activités sportives éreintantes. Cela est très dommage, car le fait de veiller à sa santé n'a rien à voir avec tout cela, et fait plutôt référence à la joie de vivre, au désir de plaire à nouveau, au changement progressif de ses habitudes alimentaires et simplement à un peu plus d'exercice qu'auparavant.

Malade sans vraiment l'être

Les mots « maladie » et « malade » ont aussi une signification différente dans le langage courant et le jargon médical. Pour le médecin, la maladie est « un dérèglement des processus fonctionnels de certains organes ou de l'organisme tout entier entraînant des modifications corporelles, psychiques ou morales ressenties par le sujet et vérifiables de manière objective ». Pour le profane, on est malade lorsqu'on ressent des symptômes tels que fièvre ou douleurs, lorsqu'on ne se sent pas bien et que l'on peut plus aller au travail. C'est pourquoi plus d'un diabétique, qui se sent tout à fait bien, se demande s'il est en bonne santé ou s'il est malade – ou encore s'il va le devenir si son taux de glycémie n'est pas stabilisé.

Pour les médecins, le diabète est une maladie

Pour les médecins et les caisses d'assurance-maladie, le diabète de type 2 est une maladie ; un constat somme toute logique, car autrement les caisses ne prendraient pas en charge les coûts liés à son traitement. Grâce aux résultats de nombreuses études approfondies, les scientifiques savent que le diabète de type 2 doit être traité, un taux de glycémie trop élevé dans le corps pouvant avoir des conséquences dévastatrices allant de l'accident vasculaire cérébral à la cécité. Ces conséquences sont décrites comme « des complications du diabète » et les médecins veulent tous les éviter à leurs patients. C'est pourquoi ils leur dépeignent sous les traits les plus sombres ce qui pourrait leur arriver s'ils ne suivaient pas leurs prescriptions. Ce faisant, ils ne souhaitent pas les effrayer, mais plutôt leur épargner bien des désagréments. Dans ce cadre, ils se concentrent toutefois bien plus sur « l'affection » et le taux de glycémie que sur la vie du diabétique.

Selon les médecins, des taux de glycémie constamment trop élevés peuvent déclencher des troubles susceptibles d'entraîner le décès ou le handicap à vie du patient. Mais ils savent aussi qu'avec un traitement

Le diabète doit être pris au sérieux

En France on compte plus de 2 millions de diabétiques, dont 90 % sont de type 2, chiffre qui augmente de 3 % par an. À l'origine de nombreux accidents vasculaires cérébraux et infarctus, le diabète est responsable de 10 000 décès par an et d'autant d'amputations. C'est également la première cause de cécité chez les moins de cinquante ans et de bien des cas de dialyse.

IMPORTANT !

approprié et un peu d'engagement de la part de la personne concernée, il est possible d'éviter des complications graves. Enfin, ils sont conscients des limites de la médecine et ils savent que sans une implication sérieuse du patient, tout leur art est inutile.

Vivre avec le diabète

Pour vous qui avez du diabète, les choses sont naturellement autres. Ce n'est pas un problème exclusivement médical : cette maladie fait désormais partie intégrante de votre vie. Et vous vivez tous les jours une expérience tout à fait différente de ce que peuvent imaginer les médecins. Vous n'êtes pas malade, puisque vous ne vous sentez pas malade.

D'ailleurs, personne n'aime être malade. À lui seul, le mot est déjà négatif, et c'est encore pire pour l'expression « malade chronique ». Généralement, on pense qu'un malade chronique sera gêné par une affection pour le restant de sa vie. Par bonheur, vous vous sentez en bonne santé et vous n'êtes ni alité ni limité dans votre vie. Aussi, comprenez-vous souvent difficilement pourquoi il faut se nourrir autrement et faire plus d'exercice physique, alors que rien n'a changé en apparence et que lorsque vous mangez un gros morceau de gâteau, vous n'avez aucun trouble. Dans le même temps, il est difficile d'expliquer à ses proches que l'on est atteint d'une maladie chronique et en bonne santé malgré tout.

Une santé réduite

Les spécialistes anglo-saxons du diabète ont trouvé une bonne solution à ce problème : ils ne disent pas des victimes du diabète de type 2 qu'ils sont malades, mais qu'ils ont une « santé réduite ». Tant qu'ils n'ont pas de complications, les diabétiques sont en effet en bonne santé. Mais à une restriction près, à savoir que la coordination de certains programmes biologiques n'est plus assurée, entraînant un taux de glycémie excessif. Suite à cette limitation de leur santé, les diabétiques doivent plus faire attention à certaines choses que les personnes ne souffrant pas d'une telle limitation. Autrement, ils peuvent mener la même vie que tout individu en parfaite santé.

Quelle est l'origine de la limitation ?

Pour être victime du diabète de type 2, il faut principalement – d'après l'état actuel des recherches médicales – avoir l'infortune de réunir trois conditions :
1. Ne pas avoir les bons parents (condition irrémédiable).
2. Avoir trop mangé de mauvaises choses (condition non irrémédiable).
3. Avoir trop peu fait d'exercice (condition aisément remédiable).

Les personnes sensibles doivent se surveiller

De nombreuses études montrent que le risque de contracter un diabète de type 2 augmente sensiblement lorsque l'un des parents ou les deux en souffrent aussi. En fait, on n'hérite pas du diabète mais d'une certaine « prédisposition » à en être la victime.

On peut faire un rapprochement avec les lésions cutanées provoquées par un coup de soleil. On n'hérite pas du coup de soleil, mais de la capacité de la peau à réagir aux rayons du soleil destructeurs pour la peau. Les personnes qui ont hérité d'une peau claire sont plus susceptibles d'attraper des coups de soleil que les individus à la peau mate. Elles réagissent plus vivement et doivent par conséquent veiller à ne pas trop s'exposer aux rayons du soleil.

Les « rayons solaires du diabète »

La « sensibilité » héritée, ou prédisposition génétique, comme disent les médecins, ne suffit pas à la survenue du diabète, de la même manière qu'une peau claire n'est pas forcément à l'origine d'un coup de soleil. Mais la prédisposition génétique rend plus sensible aux facteurs de risque et fait que les personnes sensibles sont plus vite atteintes.

Les rayons solaires du diabète ne sont pas des UV, mais des années de mauvaise alimentation et de manque d'exercice. Ils peuvent conduire au diabète de type 2 chez tout un chacun, car ils entravent gravement les programmes biologiques de l'organisme. Chez les sujets génétiquement prédisposés toutefois, la probabilité de survenue du diabète est nettement plus élevée que chez les autres individus. Pourtant, le diabète de type 2 n'est ni inéluctable, ni irrémédiable. En effet, même après le diagnostic, il n'est pas trop tard pour donner un coup de collier.

Les programmes biologiques sont indispensables

Bien qu'on ne le voie pas et qu'on ne le sente pas, le diabète de type 2 est malgré tout bien présent. C'est un trouble du métabolisme. Et pour comprendre ce que cela signifie, il faut se placer au plus petit échelon de l'organisme, au niveau des cellules et des programmes biologiques, qui régissent les fonctions cellulaires et organiques et qui veillent par ailleurs à ce que chaque cellule soit en permanence bien alimentée.

Sans ces programmes, l'être humain ne pourrait pas vivre. Notre corps est sans arrêt le siège d'une activité intense, et les programmes biologiques font en sorte que tout fonctionne correctement sans notre intervention. Si nous devions diriger par l'esprit l'action coordonnée des cellules, des amas cellulaires, des hormones, des neurotransmetteurs, de l'apport en oxygène et du transport de nutriments, nous serions complètement dépassés. Nous devrions par exemple réguler la digestion, tout en veillant à la régénération des cellules et en coordonnant le mouvement des cellules musculaires pour les mouvements. Heureusement, Dame nature nous déleste de ces tâches éminemment complexes.

INFO

Le lot de millions d'entre nous

Bien des individus vivent en France avec un diabète de type 2, et près de 2 millions suivent un traitement médical. On pensait jadis que ce diabète touchait seulement les adultes et on parlait de ce fait de « diabète de l'adulte », mais nos connaissances se sont affinées : toujours plus d'enfants et d'adolescents, ainsi que de jeunes adultes, en sont victimes.

Malheureusement, les programmes biologiques ne sont pas flexibles du tout et ne peuvent être influencés, même avec la meilleure volonté. Depuis des milliers d'années, ils sont transmis de génération en génération, presque intacts.

C'est justement cela qui cause de sérieux problèmes à de nombreux individus. Ils sont en surpoids et victimes du diabète, parce que de nombreux programmes fonctionnent exclusivement sur le mode d'une bonne ménagère : répartir, économiser et gérer. L'une des fonctions des programmes biologiques est en effet de veiller à ce que l'on dispose à tout moment d'assez d'énergie pour pouvoir marcher longtemps sans se fatiguer, échapper au danger ou labourer des arpents de terre. Pour les programmes biologiques, peu importe que vous souhaitiez rester mince, que vous ne connaissiez plus la famine et que les travaux physiques éprouvants appartiennent au passé, tout ou presque étant aujourd'hui fait par des machines.

La force musculaire tirée de l'énergie des aliments

Depuis l'aube de l'humanité, dans tous les pays et toutes les cultures, les hommes ont tiré des aliments l'énergie nécessaire pour se mouvoir. Bien sûr, ni l'ours rôti de nos ancêtres, ni le phoque des eskimos, ni les frites du déjeuner ne parviennent à nos cellules, mais seulement leurs plus infimes composants. C'est depuis toujours le rôle des programmes de digestion, et le métabolisme veille à ce que ces infimes parties soient correctement transformées. L'alimentation des cellules n'est pas régie par la devise «plus il y en a, mieux c'est », mais plutôt par «l'excès nuit à la santé». Aussi, l'homme a-t-il un problème avec les programmes biologiques, qui depuis des millénaires assurent la survie de l'espèce. Des problèmes qu'on peut heureusement facilement résoudre, car on sait, grâce aux recherches modernes, assez précisément ce qui se passe dans l'organisme et comment rétablir l'équilibre des programmes biologiques.

L'alimentation est universelle

Comme chacun sait, on peut à loisir discuter des goûts et des couleurs, mais pas des éléments constitutifs de la nourriture : toutes les saveurs du monde résultent de combinaisons spécifiques de glucides, de lipides, de protides, de fibres, de vitamines, de minéraux et d'oligo-éléments. Composants essentiels de la vie, ils figurent simplement sous diverses combinaisons dans les plats que nous avons sur nos tables.

INFO

Les plus petites chaudières au monde

La capacité à se déplacer est si fondamentale et nécessaire à la survie de l'homme que de nombreux programmes biologiques sont exclusivement spécialisés dans la fourniture d'énergie pour que l'on puisse lacer ses chaussures, cligner des yeux, écrire, manger, parler, travailler, danser, rire, etc. L'énergie correspondante est fabriquée dans des millions de petites cellules musculaires qui se combinent pour former des amas cellulaires, des muscles et des groupes musculaires. Chaque cellule musculaire est une petite entité autonome entourée d'une paroi comportant nombre de petites portes (récepteurs et canaux). Grâce à l'ouverture et à la fermeture de ces portes, elle peut laisser entrer tout ce qu'il lui faut pour ses besoins propres et pour la production d'énergie musculaire, et aussi évacuer les déchets.

Dans une petite « chaudière », appelée mitochondrie, située en son centre, elle brûle les « combustibles » que sont le glucose, les lipides et les acides aminés, avec l'oxygène apporté par les globules rouges, et elle produit de cette manière de l'énergie pour les muscles et les cellules.

Tous les hommes sont égaux

Manger et boire sont des activités propres à tous les hommes, sans considération de couleur de peau ni de race. Sans nourriture, les cellules du corps ne peuvent survivre. Aussi, la nature a-t-elle doté l'homme d'un programme qui veille à ce qu'il absorbe toujours assez de nourriture ainsi que de programmes biologiques qui transforment cette nourriture, de sorte que les cellules du corps soient le mieux approvisionnées possible. Ce processus est le même depuis la nuit des temps.

Combustible n° 1 : glucose

Les mitochondries sont essentiellement des centrales de traitement du glucose, lequel est leur principal combustible. Environ 80 pour cent du glucose qu'elles absorbent par l'alimentation et qui passe dans le sang est exclusivement destiné aux cellules musculaires ! Contenu dans tous les aliments d'origine végétale, le glucose est le plus petit composant des glucides. Nous l'absorbons sous forme de fruits, de légumes, de pommes de terre, de riz ou de pain.

On le trouve aussi bien dans la panure d'une escalope que dans les quenelles ou la compote de pommes. Dans le langage courant, on utilise le plus souvent pour le glucose le terme sucre. Cela prête à confusion, car lorsqu'on parle de sucre, on pense rarement à des chips de pommes de terre ou à des biscuits salés, des quenelles ou des tartes à l'oignon, alors que ces aliments contiennent du glucose en grandes quantités. Ainsi, serait-il préférable de parler de « diabète glucosé » au lieu de « diabète sucré ».

Chaînes de glucides : plus elles sont longues, mieux c'est

Les glucides se différencient par la longueur de leurs chaînes. Leur longueur détermine la vitesse d'augmentation de la glycémie et sa valeur maximale, ainsi que la quantité d'insuline qui doit être libérée dans le sang par les cellules bêta du pancréas.

Muesli aux fruits frais :
superbement délicieux,
mais aussi excellent pour la santé.

Les glucides naturels présents dans les fruits, les légumes et les céréales ont pour la plupart de longues chaînes qui maintiennent en bonne santé, en forme et de bonne humeur. Sur ce type d'aliments, les enzymes situées dans l'intestin grêle ne parviennent à dissocier les molécules de glucose étroitement imbriquées qu'à leur périphérie, à l'endroit où les liaisons sont moins solides. Résultat : seule une petite quantité de glucose est libérée, laquelle passe petit à petit et sur une plus longue période dans le sang. Le taux de glycémie augmentant lentement et modérément, le pancréas n'a que peu d'insuline à sécréter. Les cellules musculaires se réjouissent, car elles sont approvisionnées de manière équilibrée sans être abreuvées de glucose.

Tout serait pour le mieux dans le meilleur des mondes, si les hommes n'avaient pas eu l'idée de transformer, à l'aide de machines, leurs aliments d'origine végétale en concentrés glucosés, dissociant pour ce faire les longues chaînes de glucides en minuscules fragments, comme dans la farine blanche ou le sucre raffiné.

Glucides « prédigérés »

L'organisme n'est pas menacé par les longues chaînes de glucides, mais par les aliments dans lesquels ces chaînes ont été fragmentées, par transformation industrielle, en chaînes courtes ou même en molécules de glucose. En effet, le corps ne décèle pas les risques que présentent les aliments « prédigérés » et les traite de la même manière que les chaînes longues. Les chaînes courtes sont trop vite décomposées en molécules de glucose par les enzymes et une grande quantité de ce dernier passe dans le sang en peu de temps. L'élévation forte et rapide de la glycémie se répercute sur tous les programmes biologiques suivants et les accélère fortement. Cela permet à une concentration élevée de glucose d'être évacuée du sang de manière rapide et efficace, et à l'organisme d'être protégé d'éventuels dommages. Pourtant, lorsque ce phénomène destiné aux cas d'urgence devient la norme, tous les systèmes sont progressivement surmenés et finissent par tomber en panne, comme une voiture sans arrêt poussée à haut régime.

Une bonne alimentation et une protection régulière

Lors du processus normal, voici ce qui se passe lorsqu'on absorbe des longues chaînes de glucides, par exemple une pomme : après être passée dans l'estomac, elle parvient, réduite en tout petits morceaux, dans l'intestin grêle où l'attendent les enzymes qui vont fragmenter ses longues chaînes en molécules de glucose, car seules des molécules peuvent passer par les petites portes de l'intestin grêle et parvenir dans le sang. Des capteurs hormonaux hypersensibles, ou « incrétines », indiquent aux cellules bêta du pancréas combien de glucose est parvenu dans le sang à travers la paroi de l'intestin grêle, afin de déclencher la production d'une quantité d'insuline appropriée, car l'insuline a pour mission de veiller à ce que toute concentration de glucose élevée dans le sang revienne très vite à un niveau normal, afin que l'organisme ne subisse aucun dommage.

L'insuline tente d'abord de placer le glucose dans les cellules musculaires. Un peu comme une équipe de représentants de commerce, elle passe dans le sang et frappe à la porte de toutes les cellules musculaires pour leur demander si elles ont besoin de glucose. Celles dont les réserves sont épuisées ouvrent leurs petites portes et la laissent pénétrer. Celles dont les stocks sont pleins ferment leurs portes et utilisent progressivement leurs réserves.

Des réserves pour plus tard

Lorsque toutes les cellules musculaires ont été approvisionnées et qu'il reste du glucose dans le sang, l'insuline justifie alors sa réputation d'hormone de stockage : elle entrepose le combustible constitué par toutes les molécules de glucose non utilisées dans les cellules graisseuses ou sous forme de glycogène dans les muscles et le foie pour les temps difficiles.

Dès que la glycémie est redescendue, les cellules bêta du pancréas cessent leur activité et le taux d'insuline chute. Vous avez alors à nouveau faim et mangez de nouveau et le processus recommence du début. Si vous êtes alors en train de dormir, le glycogène du glucagon (hormone antithétique de l'insuline) est reconverti en glucose, élevant ainsi le taux de glycémie, pour que vous puissiez bouger dans votre sommeil et faire de beaux rêves.

L'indice glycémique

L'indice glycémique a été mis au point en 1981 à l'Université de Toronto par un groupe de chercheurs dirigé par le professeur David Jenkins. Avec cet indice, les chercheurs ont pour la première fois défini une unité de mesure décrivant à quelle vitesse et jusqu'à quel niveau les aliments contenant des glucides font augmenter le taux de sucre dans le sang. Dès lors, ils ont pu prévoir les effets des chaînes de glucides courtes et longues sur la glycémie et ils ont trouvé un moyen d'améliorer la thérapie du diabète par la diététique.

> Jenkins et ses collègues ont pris comme référence la glycémie du fructose (composé de différentes molécules de glucose, c'est lui qui passe le plus vite dans le sang).

> Ensuite, ils ont enregistré le tracé des courbes de glycémie de tous les autres aliments contenant des glucides, et calculé en pourcentage la surface représentée par ces courbes par rapport à la courbe de référence. Plus le pourcentage est élevé, plus le glucose parvient rapidement et sous forme concentré dans le sang ; plus il est faible, plus les chaînes sont longues et plus les aliments sont bénéfiques pour le corps.

> On peut adopter la règle de base suivante : moins les aliments contenant des glucides sont transformés, plus l'indice glycémique est faible, et plus l'indice glycémique est faible, plus on peut manger de tels aliments.

I N F O

Le déséquilibre entre l'offre et la demande

Qui y a-t-il de si grave à ce que le taux de glucose augmente vite et beaucoup ? Les cellules musculaires ont certes besoin du glucose pour leurs centrales. Le problème, ce n'est pas le glucose en soi, mais le fait qu'il soit présent en permanence dans le sang en trop grandes quantités. Ou pour l'exprimer en termes économiques : l'équilibre entre l'offre et la demande est rompu, c'est l'effondrement du marché.

Imaginez que vous deviez vous chauffer au charbon, mais qu'on vous livre en été. Le livreur passe et décharge le charbon dont vous avez besoin dans votre cave. À peine est-il parti et que vous vous apprêtez à vous reposer, un autre livreur arrive. Vous vous dites, bon, si je range tout correctement, ce chargement peut encore aller dans la cave, on ne sait jamais combien l'hiver va durer et s'il va être rigoureux ou non. Pas très enthousiaste, vous lui prenez encore quelques sacs de charbon et vous les faites tenir dans la cave.

À peine le deuxième livreur est-il parti qu'en arrive un troisième et derrière lui un quatrième. Dans un premier temps, vous tentez d'expliquer que vous ne pouvez plus faire entrer de charbon dans votre cave et que de toute façon vous n'en avez pas besoin dans l'immédiat, parce que vous ne chauffez pas en été. Au bout d'un moment, vous êtes si énervé que vous n'ouvrez plus la porte. Peut sonner qui veut.

Tout comme l'offre excédentaire vous énerve, elle irrite vos cellules musculaires

La cellule musculaire réagit à l'excès de glucose de la même manière qu'à l'excédent de charbon. Le combustible dont elle a besoin pour produire l'énergie cellulaire et musculaire lui est fourni en trop grandes quantités et à intervalles trop rapprochés par les « représentants » de l'insuline. Ses réserves sont pleines alors que sa chaudière est en veilleuse, parce que vous ne faites pas d'exercice et qu'il ne lui semble donc pas nécessaire de produire de l'énergie musculaire. Pour se protéger, la cellule musculaire n'a plus d'autre choix que de maintenir ses petites portes fermées autant que faire se peut et de ne plus réagir à l'insuline qui frappe à sa porte. Comme l'insuline ne peut plus se défaire du glucose dans les cellules musculaires, elle le dépose dans les cellules graisseuses, ce qui nous fait grossir. Et lorsqu'on n'absorbe plus que des glucides à chaînes courtes, on grossit très rapidement. Lorsque le taux de glycémie est élevé, l'insuline bloque non seulement la décomposition des graisses, mais elle stocke en plus le glucose dans les cellules graisseuses. Dans le même temps, la graisse (des lipides) non utilisée suite à l'offre excédentaire de glucose s'insinue directement dans les cellules graisseuses.

Le cercle vicieux des valeurs de seuil

Même lorsque toutes les cellules musculaires sont trop approvisionnées et ne peuvent plus accepter de glucose, un morceau de tarte ou de pizza déclenche rapidement une nouvelle sensation de faim, phénomène dont on sait désormais très bien expliquer l'origine.

Lipides : à ne pas négliger

La consommation de glucides s'accompagne généralement de celle de lipides, comme dans une tarte, un sandwich au jambon, des bonbons ou des frites. Les lipides sont de véritables bombes caloriques : si un gramme de glucides ou de protides ne contient que 4 calories, un gramme de lipides en contient 9.

IMPORTANT !

Il a en effet été démontré que les cellules bêta ne stockent pas l'insuline, mais qu'elles la produisent uniquement au fur et à mesure des besoins. Pour savoir combien d'insuline elles doivent sécréter, il faut d'abord que le sucre passe dans le sang et que les capteurs de glucose leur communiquent le degré de virulence de l'attaque glucidique. C'est alors seulement que les cellules bêta lancent la production d'insuline. C'est la raison pour laquelle le taux d'insuline augmente toujours un peu plus tard que le taux de glucose.

Ce décalage se produit également en sens inverse. La concentration de glucose doit tout d'abord revenir à la normale pour que les capteurs puissent lancer l'ordre de stopper la production d'insuline. Mais lorsque son taux est trop élevé, la quantité présente dans le sang reste encore trop importante pendant un certain temps et cette insuline s'attaque au glucose nécessaire à l'approvisionnement des cellules du cerveau et des nerfs. Cela conduit à une brève pénurie en sucre (hypoglycémie) et les cellules du cerveau souffrent, parce qu'elles ne peuvent travailler correctement sans combustible. Résultat : on se sent abattu, sans plus aucune capacité de concentration. On se dépêche alors de manger au plus vite, la plupart du temps du sucré, parce que le taux de glycémie remonte alors vertigineusement et que l'on se sent vite beaucoup mieux. Ainsi s'établit un cercle vicieux : ce qui était conçu comme un programme d'urgence à l'origine est devenu un dispositif permanent, qui fait grossir et rend malade.

INFO

Le glucose : carburant du cerveau

Sans glucose, il serait impossible de penser, car les cellules du cerveau et des nerfs sont incapables de travailler sans lui. Contrairement aux cellules musculaires, elles ne peuvent stocker le glucose et se servent toujours directement dans le sang. C'est pourquoi la concentration minimale de glucose dans ce dernier doit toujours être supérieure à 60 mg/dl. Lorsqu'elle passe sous cette valeur, on parle d'hypoglycémie (pénurie en sucre), phénomène aux manifestations tout à fait désagréables, pouvant aller jusqu'à l'évanouissement.

L'apparition de la résistance à l'insuline

Tout d'abord, le programme d'urgence permanent de surproduction d'insuline est supporté pendant des années, bien que les cellules musculaires soient tellement irritées par les assauts incessants des « représentants » de l'insuline et barricadent toujours plus leurs portes. L'excédent de glucose dans le sang finit par devenir permanent, parce qu'aucune partie du corps

n'en veut ou n'en a besoin, autrement dit, parce que vous êtes resté confortablement assis dans votre canapé.

Malgré l'offre excédentaire, le glucose continue d'affluer, et d'immenses régiments d'insuline sont attachés à évacuer d'une manière ou d'une autre le glucose du sang. Les cellules graisseuses s'accroissent et d'importants dépôts de glycogène se forment dans le foie. L'aiguille de votre balance se déplace lentement mais sûrement vers la droite. Vos bourrelets prennent toujours plus d'importance et produisent toujours plus d'acides aminés libres, qui s'associent aux nombreux « représentants » de l'insuline, pour torpiller vos cellules musculaires, jusqu'à ce que ces dernières finissent par ne plus réagir à

Les sucreries font grimper rapidement le taux de glycémie… et le font redescendre tout aussi vite.

l'insuline. Dans le jargon médical, ce phénomène est appelé insulinorésistance.

Le cycle des dysfonctionnements

L'insulinorésistance représente un inconvénient majeur pour les cellules musculaires, car seule une petite quantité de glucose parvient à l'intérieur de ces dernières. L'insuline parvient elle-même difficilement à pénétrer lorsque les réserves de glucose des cellules s'épuisent et que ces dernières ont un besoin urgent d'être ravitaillées. Malgré une offre excédentaire en glucose, les cellules sont affamées et vous avez du mal à vous déplacer.

Pour éviter qu'une telle situation se produise, le corps a inventé une astuce : il déjoue la résistance à l'insuline par un programme d'économie d'énergie, en faisant comme si vous vous déplaciez vite et longtemps. Au lieu du glucose, c'est maintenant de l'énergie alimentaire hautement concentrée, sous la forme de lipides, qui est consumée dans les chaudières des cellules musculaires, pour produire l'énergie nécessaire aux mouvements et aux processus cellulaires. Ce phénomène est néfaste à votre santé et à votre ligne, si vous persistez à manger gras et à rester sédentaire : vous vous gavez en effet comme une oie. Votre métabolisme lipidique est de plus en plus déréglé et les risques d'artériosclérose, d'infarctus ou d'accident vasculaire cérébral s'accroissent d'autant.

Mais ce n'est pas tout : dans le même temps, les cellules bêta reçoivent le message qu'elles doivent sécréter encore plus d'insuline, sur quoi elles élèvent leur capacité de production bien au-delà de votre seuil de tolérance. Votre organisme s'épuise à produire inlassablement d'énormes quantités d'insuline, ce qui conduit à une hyperinsulinémie (trop-plein d'insuline). En combinant leurs forces, les « représentants » de l'insuline finissent par réouvrir les portes des cellules et à y faire entrer le glucose où il sera consumé par ces dernières.

Destruction des cellules bêta sollicitées de manière excessive

Le fait de devoir assurer un rendement maximum pendant des années laisse des traces chez les cellules bêta. Si certaines d'entre elles parviennent à produire de l'insuline votre vie durant, elles sont de plus en plus nombreuses à s'avachir et à ne plus pouvoir produire de l'insuline ou à ne plus assurer un rendement maximum. Arrive ce qui doit arriver : un beau jour, les cellules bêta ne peuvent plus opposer une réaction suffisante à l'élévation de la glycémie. Comme il manque alors d'insuline, le glucose erre dans le sang sans être utilisé, et il ne peut ni parvenir aux cellules, ni être stocké par ces dernières. Une partie est toutefois évacuée par les reins. La glycosurie (valeur seuil de glucose dans les urines) est assez élevée (180 mg/dl) ; il demeure dans le sang une grande quantité de glucose qui peut librement se déposer partout et provoquer des lésions. Les médecins parlent de la « manifestation d'un diabète de type 2 ». L'homme de la rue parlera de « sucre dans le sang ».

IMPORTANT !

Dérèglement du métabolisme lipidique

Les individus insulinorésistants et les diabétiques souffrent le plus souvent d'un dérèglement caractéristique du métabolisme lipidique : alors que les triglycérides et le cholestérol LDL sont en excès, le cholestérol HDL est insuffisant. De ce fait, le sang contient non seulement beaucoup de glucose, mais aussi beaucoup de graisses. Le cholestérol LDL pouvant se fixer sur les parois des artères et obturer ces dernières, il est particulièrement important pour les diabétiques d'observer un régime pauvre en lipides et de faire suffisamment d'exercice, afin de prévenir l'artériosclérose. Si le taux de cholestérol LDL est très élevé, un traitement médicamenteux est indispensable.

Comprendre les tenants et les aboutissants

Quelles sont les différences entre le diabète de type 1 et le diabète de type 2 ?

Le diabète de type 1 survient suite au manque d'insuline, les cellules bêta du pancréas étant détruites par des auto-anticorps. C'est pourquoi on parle parfois aussi d'affection auto-immune.

Le diabète de type 2 survient en cas de concomitance malheureuse des trois facteurs suivants : prédisposition génétique, mauvaise alimentation et manque d'exercice physique. Ce type de diabète est précédé par les phases d'insulinorésistance et d'hyperinsulinémie.

Le diabète peut apparaître chez les femmes durant la grossesse (diabète gestationnel). Normalement, le taux de glycémie revient à la normale après l'accouchement. Le risque d'être victime d'un diabète de type 2 à l'âge adulte demeure toutefois élevé.

Quelle est la signification de la valeur HbA_{1C} ?

Dans l'organisme, les globules rouges et l'hémoglobine, matière colorante du sang, sont responsables du transport d'oxygène. L'hémoglobine se lie également dans une certaine proportion avec le glucose et prend alors le nom d'hémoglobine A_{1C}, en abrégé HbA_{1C}. Si le taux de glucose augmente, la proportion d'hémoglobine liée à du glucose augmente elle aussi. Cette augmentation est confirmée par l'élévation du taux de HbA_{1C}. Les globules rouges circulant environ 120 jours dans le corps avant d'être remplacés par de nouveaux, le taux de HbA_{1C} indique de manière fiable le niveau de la concentration de glucose dans le sang au cours des trois derniers mois. La « mémoire du glucose » ne souffre aucune contestation ! D'après les découvertes les plus récentes, le taux de HbA_{1C} doit être inférieur à 7 et se situer de préférence à 6,5 pour cent.

Quel est le lien entre insulinorésistance et métabolisme lipidique ?

Les cellules graisseuses produisent des acides gras, ainsi que les hormones leptine et résistine. L'insulinorésistance touche non seulement les cellules musculaires, mais aussi les cellules graisseuses et renforce la lipolyse (dégradation des lipides) en glycérine et acides gras libres. Beaucoup trop d'acides gras libres passent de ce fait dans le sang et incitent le foie à libérer du glucose. Dans le même temps, les taux de « mauvais » cholestérol (LDL) et de triglycérides augmentent. Appelé dyslipoprotéinémie, ce phénomène est un important facteur de risque de l'artériosclérose.

Le contrôle du diabète

Suite à un examen approfondi, on a constaté que tout n'était pas vraiment très harmonieux dans votre organisme. Un nombre assez important de programmes biologiques se sont déréglés suite à la consommation régulière, des années durant, de snacks, gâteaux, pizzas, mais aussi au manque d'exercice et aux nombreuses heures passées au volant ou au bureau.

Heureusement, il est possible aujourd'hui de remettre de l'ordre dans ce chaos. Nombre de diabétiques peuvent même recouvrer une parfaite santé. En effet, leurs programmes biologiques sont seulement dérangés et non détruits. À cet effet toutefois, tous doivent s'atteler à la même tâche et mettre leurs compétences et connaissances en commun : vous-même, votre médecin avec son savoir thérapeutique et une équipe de diabétologues pour vous conseiller et vous aider. Dès le début, vous devrez absolument être conscient d'une chose : la plus grande partie du traitement vous incombe. Personne ne peut en aucun cas vous décharger de cette responsabilité, même le médecin.

L'aide d'un spécialiste

Vous êtes l'artisan de votre vie actuelle et future ; vous disposez par ailleurs de toute l'aide nécessaire et des meilleurs outils. Votre médecin vous épaulera en permanence grâce à ses connaissances techniques : il supervisera la thérapie et vous servira d'interlocuteur pour toutes les questions purement médicales. Lui et lui seul peut évaluer précisément l'évolution du taux de glycémie et décider des médicaments appropriés. Mais vous ne pouvez pas lui laisser votre corps pour qu'il le répare. Vous n'en avez qu'un et vous en avez besoin tous les jours. C'est pour cela qu'il vous appartient d'assumer quotidiennement la thérapie, notamment la mesure de la glycémie et la prise de médicaments. Et mieux vous collaborerez avec votre médecin, plus votre relation sera confiante et sincère, et plus il pourra vous soutenir efficacement.

La formation du diabétique

Votre médecin devrait vous conseiller de participer à un cours de formation pour diabétiques. Ce conseil est à prendre en considération ! Dans ces cours, vous apprendrez, sous la conduite de conseillers en diabétologie ou d'assistantes médicales spécialement formées, comment utiliser les dispositifs de mesure de la glycémie, notamment les stylos auto-piqueurs. Vous apprendrez beaucoup de choses sur la manière dont vous pouvez et devez traiter le diabète. Alors qu'un médecin n'a souvent pas le temps de répondre de manière exhaustive à vos questions, vous disposerez de suffisamment de temps durant la formation. Vous apprendrez également s'il existe des groupes d'entraide près de chez vous et vous pourrez aborder des points sensibles, tels que le diabète et le couple. Enfin, ces formations offrent des trésors d'informations et sont l'occasion d'échanger des idées avec d'autres diabétiques.

L'univers des dispositifs de mesure de la glycémie

L'outil important dont vous avez besoin pour organiser votre vie avec le diabète, c'est un appareil de mesure de la glycémie adapté à vos besoins.

> Avec les appareils simples dépourvus de fonction de stockage électronique, vous aurez besoin d'un journal, dans lequel vous consignerez les mesures effectuées pour en discuter avec votre médecin lors de votre prochaine visite.

> Les appareils de mesure qui enregistrent plusieurs taux de glycémie avec la date et l'heure sont très pratiques, car il ne vous reste plus qu'à mesurer. Ces appareils peuvent se connecter à votre ordinateur et il est alors rapide et facile de transférer sur l'ordinateur de votre médecin les données enregistrées, pour qu'il puisse les interpréter.

> Pour ceux qui « bidouillent » volontiers sur ordinateur et désirent voir leurs taux de glycémie sous la forme d'un graphique, il existe des appareils de mesure dotés des logiciels appropriés. On peut assez aisément observer à l'écran la courbe des valeurs glycémiques sur une période prolongée. Toutefois, l'analyse personnelle ne saurait remplacer l'interprétation du médecin. Elle doit simplement servir de base de réflexion pour soi-même et comme base de discussion pour l'entretien avec le médecin.

Les médicaments du diabète

INFO

Le corps est une merveilleuse machine, dans laquelle des milliers de processus différents sont parfaitement coordonnés. Malgré les techniques de pointe utilisées dans la recherche, nous ne sommes pas encore parvenus à comprendre dans sa totalité cet ensemble coordonné, ni même à le copier. C'est pourquoi il n'existe pas d'antidiabétiques, qui pourraient se substituer au corps. Les médicaments peuvent simplement appuyer l'action des programmes biologiques.

> **Metformine** : cette molécule freine la libération de sucre par le foie et renforce l'action de l'insuline sur les muscles.

> **Acarbose et miglitol** : prises pendant les repas, ces molécules retardent l'absorption des glucides et limitent ainsi l'élévation de la glycémie après les repas.

> **Sulfamides** : ces molécules stimulent les cellules bêta opérationnelles du pancréas et favorisent ainsi la sécrétion d'insuline. Elles ont une action sur plusieurs heures.

> **Thiazolidinediones (glitazones)** : ces molécules, également appelées sensibilisateurs à l'insuline, élèvent le seuil de sensibilité à l'insuline.

> **Glinides (répaglinide, natéglinide)** : ces molécules appartiennent à un tout nouveau groupe de substances, qui stimulent la sécrétion d'insuline par les cellules bêta, uniquement lorsque la concentration de glucose augmente. Contrairement aux sulfamides, leur action ne dure que quelques heures.

> **Insuline** : elle est utilisée lorsque les cellules bêta sont déjà si surmenées qu'elles ne peuvent (presque) plus produire d'insuline.

Prendre le mal à la racine

Ainsi équipé et épaulé par des gens compétents et dévoués, vous pouvez non seulement contrôler votre taux de glycémie, mais aussi aider vos programmes biologiques à retrouver leur équilibre. Car il ne suffit malheureusement pas de prendre des médicaments. Si vous vous contentez d'un traitement médicamenteux, vos taux de glycémie seront de plus en plus mauvais avec le temps, parce que votre corps produira de moins en moins d'insuline – même si ce phénomène s'installe nettement plus lentement que sans médicaments.

Pour bien contrôler le diabète de type 2 et recouvrer la santé, il n'y a donc qu'une possibilité :

> Réduire l'offre excédentaire de glucose dans le sang pour rétablir l'équilibre entre l'offre et la demande.

Gérer sa santé comme une entreprise

L'économie montre l'exemple : lorsque le marché est saturé et que les produits ne s'écoulent plus, il faut réduire l'offre et stimuler les ventes pour accroître le chiffre d'affaires. L'écoulement du glucose suit exactement le même mode en cas de difficultés. C'est pourquoi vous devez, auprès de ses « clients », les cellules musculaires :

1. réduire l'offre, en vous nourrissant de telle manière que votre glycémie ne grimpe pas constamment à des hauteurs vertigineuses, mais demeure aussi faible que possible ;

2. augmenter la demande. À cet effet, une seule solution : il faut que les cellules musculaires brûlent l'énergie des aliments et consomment ainsi l'excès de glucose. Pour ce faire, vous devez faire de l'exercice.

Aussi bien le meilleur des médecins que l'équipe la plus dévouée ne peuvent vous dispenser de cette initiative. Voyez le bon côté des choses : en prenant le mal à la racine et en remettant sur pied « l'entreprise de votre corps », vous en serez le premier bénéficiaire. Et les avantages sont innombrables : vous pourrez recouvrer la santé et vivre avec un corps dans lequel vous vous sentirez parfaitement bien. Vous aurez plus d'entrain et serez parfaitement rayonnant pour aborder votre nouvelle vie. Une vie que vous aurez plaisir à partager avec les autres.

Votre projet de santé

Vous avez essayé des centaines et des centaines de fois sans jamais y parvenir. C'est bien ainsi que se sont soldées vos tentatives pour changer d'alimentation et faire plus d'exercice ? Cependant, ne vous inquiétez pas, ces échecs appartiendront bientôt au passé. Tout ce qu'il vous a manqué, c'est une bonne préparation et une stratégie adaptée pour mettre en œuvre votre projet de santé. Et l'une comme l'autre s'apprennent.

La nécessité
de nouvelles voies

Dans l'ensemble, vous êtes assez satisfait de votre vie. Vous l'avez agencée, tout comme votre maison, suivant vos goûts et vos possibilités financières. Pourtant, lorsqu'il s'agit de votre ligne et de votre santé, vous manquez d'endurance. Bien que vous ayez essayé beaucoup de choses, rien n'a encore marché. Vous voulez vous occuper plus de vous, mais il y a toujours un obstacle, que ce soit un anniversaire, une invitation à dîner ou encore un tel stress dans la journée que vous ne vous sentez pas d'en rajouter. Maintenant, cela doit changer, car vous avez du diabète et vous voulez recouvrer la santé. Vous avez donc décidé de réduire l'offre en glucose pour vos cellules musculaires et, dans le même temps, d'augmenter la demande des cellules en faisant plus d'exercice. Vous souhaitez ainsi restaurer l'équilibre des programmes biologiques et faire revenir votre taux de glycémie dans la normale.

Attention au piège !

Et voilà que vous pensez, dès demain, entamer un régime draconien, faire deux heures de jogging ou vous rendre tous les jours dans une salle de sports. Arrêtez !

Écoutez les objections majeures que formule votre petite voix intérieure. Ne vous imposez pas encore une fois ces frustrations. Ne vous torturez pas, ce n'est pas comme cela que vous perdrez vos kilos ou que vous recouvrerez une meilleure santé. Avec les régimes et le surmenage physique de ces dernières années, vous avez déjà intégré trop de choses qui vous rendent la vie difficile aujourd'hui. Vous avez voulu croire qu'il suffisait de bonne volonté et d'un peu de discipline pour perdre du poids. Aujourd'hui, vous êtes presque convaincu de ne pas avoir assez de volonté. Heureusement, ce n'est pas le cas, bien au contraire. Malgré tous vos échecs en effet, vous n'avez pas renoncé à trouver un moyen de retrouver minceur et santé. C'est la preuve d'une grande force de caractère et d'une belle endurance. Des qualités que tous les individus sont loin de posséder.

Laisser du temps au temps

Si vous avez échoué jusqu'ici, ce n'est pas tant lié à votre personnalité, mais plutôt à la méthode avec laquelle vous voulez parvenir à vos fins.

Alors que cela a été démontré par des scientifiques confirmés, la plupart des individus ne veulent pas le croire : pour rester en bonne santé et perdre du poids, il faut absolument éviter les régimes à court terme et les exercices physiques à progression trop rapide.

Sortir de la routine

Passer de l'obésité à la sveltesse et de la paresse à la forme relève d'un projet à long terme. Les anciennes habitudes doivent être progressivement infléchies vers une prise de conscience accrue de votre santé et de la nécessité d'être plus en forme, plus mince et plus actif. Vous devrez par ailleurs remettre en question certaines manières de voir et d'agir qui vous sont devenues chères et fustiger les programmes d'apprentissage de la paresse. Pour ce faire, vous devrez bien vous préparer, définir des objectifs concrets et choisir une méthode adaptée. Le bon côté des choses : une fois ce projet réalisé, vous n'aurez plus jamais à vous soucier de suivre un régime. Et si vous réussissez à mettre en œuvre des techniques efficaces pour ne pas retomber dans les vieux pièges, vous aurez gagné une fois pour toutes une vie plus saine, plus légère et plus détendue. Une vie qui vous permettra de réduire ou de stabiliser votre glycémie, mais aussi d'être plus sûr de vous et plus séduisant, parce que vous avez une énergie toute nouvelle pour faire face à la vie.

La grande arnaque des régimes

Presque toutes les femmes et la moitié des jeunes sont passés par un régime. Les objectifs fixés par les médias sont très ambitieux : perdre sept kilos en une semaine ou même quatre kilos en un week-end, cela ne semble leur poser aucun problème. Voilà pour les promesses. Des photos choc avant-après sont censées démontrer que l'exploit est à la portée de tous. C'est justement pourquoi les régimes se vendent si bien, même si personne ne reste mince bien longtemps. Chacun pense que les régimes marchent sur les autres, et être le seul « raté ». Pourtant, tous font la même expérience : en pratique, tout est très

Estomac qui gargouille et mauvaise humeur – le régime n'est jamais une partie de plaisir.

différent des promesses des journaux ou des publicités télévisées. On ne peut acquérir une silhouette de rêve ou un ventre extra-plat en seulement quelques jours. Ce n'est pas pour rien qu'il existe sans cesse de nouveaux régimes qui vantent leurs mérites auprès des malchanceux.

Les conséquences

Les « échecs » répétés laissent des traces et ne sont pas sans conséquences pour ceux qui les vivent. Suivant leur type et les stratégies de comportement adoptées jusqu'alors, les individus réagissent de manière très diverse à ces « échecs ». De celui qui nie ou refoule le problème (« ce n'est pas un petit morceau de sucre qui va me faire du mal ») à celui qui lutte chaque jour, toutes les réactions sont possibles.

Cela étant, on peut tous très bien vivre avec du diabète. Mais il faut savoir renoncer à l'idée de retrouver une silhouette de rêve et un taux de glycémie idéal après un programme intensif de courte durée. Il faut aussi être prêt à se défaire des habitudes qui nous rendent malades. Cela exige tout d'abord du temps et de la patience. Mais lorsqu'on y parvient, les effets positifs se font sentir sur la vie tout entière. C'est là que réside la belle opportunité liée à votre situation actuelle : le diabète est l'occasion de plus vous affirmer et de peser sur votre propre vie.

Quel est votre type de comportement ?

Vous avez un problème dans votre couple. Que faites-vous ?

(A) Vous attendez et laissez votre partenaire faire le premier pas
(C) Vous pensez parler du problème à la prochaine occasion
(B) Vous pensez que le problème se réglera de lui-même

Vous êtes mal servi au restaurant. Que faites-vous ?

(A) Vous ne cherchez pas la petite bête et vous ne dites rien
(C) Vous demandez à voir le chef pour vous plaindre
(B) Vous ne donnez pas de pourboire au serveur

Votre amie porte un vêtement qui ne lui va pas du tout.

(A) Vous le lui dites sans ambages
(C) Vous ne voulez pas la froisser et vous ne dites rien
(B) Vous n'en avez absolument rien à faire

Vous voulez acheter une voiture et vous ne savez pas laquelle.
Vous demandez à un ami.

(A) Afin qu'il décide pour vous de la voiture que vous allez acheter
(C) Afin qu'il vous explique ce qu'il faut savoir pour vous décider
(B) Afin de discuter tranquillement avec lui de votre achat

Votre supérieur vous propose de l'avancement.

(C) Vous vous réjouissez et acceptez spontanément
(B) Vous demandez un temps de réflexion
(A) Vous pensez : le moment est mal choisi

Vous avez invité des amis à manger.

(A) Vous voulez briller par vos talents culinaires
(B) Vous appelez un traiteur à domicile un peu avant le repas
(C) Vous essayez de préparer quelque chose en vitesse

Vous avez prévu des vacances, mais vous êtes invité au mariage d'un parent.
Comment réagissez-vous ?

(B) Vous conservez les deux possibilités jusqu'au dernier moment
(C) Vous partez en vacances et vous félicitez les mariés à votre retour
(A) Vous ignorez l'invitation et vous réservez vos vacances

> ### Interprétation

La lettre la plus souvent choisie donne votre type. Si vous avez à peu près autant de A que de B et de C, lisez la définition du type B.

A = le type qui refoule

Vous vous êtes fait une vie bien douillette et vous êtes un véritable maître dans l'art de déléguer les problèmes et les décisions. Lorsque vous ne trouvez personne pour vous en débarrasser, vous refoulez tout simplement tout ce qui est désagréable. Vous avez délégué le diagnostic du diabète à votre médecin et vous avez depuis occulté cette maladie. Vous vivez comme auparavant et tout ce qui vous gêne, ce sont les rendez-vous chez le médecin, parce que ce dernier n'est jamais satisfait de votre taux de glycémie. Il est grand temps de vous réveiller et de prendre votre vie en mains, au risque que votre cas s'aggrave. Les aides et les suggestions proposées dans ce livre devraient vous être très utiles.

B = le type indécis

Vous vous rendez la vie bien difficile. Vous hésitez sans arrêt, sans jamais prendre une décision claire et définitive. Vous vivez comme quelqu'un qui voudrait s'asseoir sur une chaise, mais sans s'asseoir vraiment. Vous dépensez beaucoup d'énergie à tort et à travers. Pour vous, le diabète est un véritable coup du sort, car vous vous demandez chaque jour – et même à chaque occasion – ce qu'il faut faire : agir en prenant compte du diabète ou plutôt agir comme vous l'avez toujours fait. Vous ne savez pas trancher et vous en souffrez chaque jour. Mettez fin à vos tourments et structurez votre vie. Les techniques de résolution de problèmes présentées par la suite sont tout à fait adaptées à votre questionnement.

C = le type qui réussit

Vous êtes envié par beaucoup de gens, parce que vous semblez réussir sans effort tout ce que vous entreprenez. Certains disent que vous avez de la chance. Mais la recette de votre réussite n'est pas aussi inexplicable que peut l'être le hasard. Vous attaquez les problèmes et les situations de front. Vous vous procurez des informations, afin de prendre ensuite des décisions fondées. Vous avez une bonne estime de vous-même ; vous assumez la responsabilité de vos actes et vous savez les défendre face aux autres. Même le diabète ne vous paraît pas un problème insurmontable. Dès que vous avez trouvé ce qu'il convient de faire, vous remisez vos anciennes habitudes au vestiaire et vous opérez des changements dans votre vie. Des changements susceptibles de vous faire beaucoup plus aimer votre nouvelle vie. Vous trouverez dans ce livre toutes les informations dont vous avez besoin à cet effet.

Le principe
du tout ou rien

« Je veux tout et tout de suite ! ». Si ce slogan a eu du succès, c'est que beaucoup de gens pensent effectivement de cette manière. Tout particulièrement, lorsqu'il s'agit de leur santé. Pour un succès rapide, ils sont prêts à s'affamer et à courir des heures dans la nature sans aucune préparation. Or, la vie se charge de nous l'apprendre : le principe du tout ou rien ne conduit jamais au succès, car il n'est pas possible de tout faire en même temps. Même avec beaucoup de rendez-vous, personne ne peut être à deux endroits à la fois. Personne ne peut porter dix classeurs pleins pendant longtemps. Personne ne peut mincir ou recouvrer la santé en suivant le principe du tout ou rien, car on ne peut résister au surmenage physique si l'on s'affame en même temps. Contre de tels mauvais traitements, le corps se défend d'ailleurs de manière très énergique.

Les programmes biologiques font de la résistance

Combien le principe du tout ou rien est absurde et nuisible en matière de santé apparaît très clairement lorsqu'on se souvient du mode de fonctionnement des programmes biologiques. Ils suivent tous les jours le même rythme et ne veulent pas être dérangés dans leur routine. Ils s'opposent même aux modifications rapides par divers programmes d'urgence. Ces derniers interviennent lorsqu'on s'astreint à un régime ou un entraînement trop brusque, qui réclame beaucoup d'énergie à l'organisme pour retrouver son équilibre. Si vous appuyez au contraire le travail des programmes biologiques tous les jours de la même manière, ces derniers peuvent agir de manière optimale et vous aider à retrouver santé et minceur.

Une méthode d'apprentissage erronée

Le processus d'apprentissage chez les rats et les chiens est très simple et les êtres humains ne fonctionnent pas autrement, comme ont pu le démontrer les psychologues du comportement et les spécialistes des sciences de l'éducation : lorsqu'on a appris suivant le principe du tout ou rien que tout ce que l'on fait ne conduit pas au succès et n'a au contraire que des conséquences négatives, on arrête toute action. Pourquoi se fatiguer si cela ne conduit à rien au bout du compte ?

Pour se tranquilliser, certains espèrent doucement en secret que « tout va bien se passer », parce que d'autres prennent la responsabilité à leur place. Des secteurs entiers de l'industrie vivent de ces espoirs. La banque prend la responsabilité de vos placements, le conseiller fiscal, celle de vos impôts, et le médecin enfin, celle de votre santé. Ce dernier doit faire disparaître le diabète sans que l'on ait à s'impliquer.

Non pas parce qu'on ne souhaite pas assumer soi-même la responsabilité, mais parce qu'on se trouve démuni devant cette situation, qu'on trouve menaçante et à laquelle on ne peut rien changer par la traditionnelle méthode du tout ou rien.

La force de l'auto-conviction

Nous avons tous assurément nos forces et nos faiblesses. Parfois pourtant, ces supposées faiblesses n'ont rien à voir avec nos propres capacités. Les individus sont nombreux à penser qu'ils ne sont pas doués pour les chiffres et quatre millions d'individus ne savent ni lire ni écrire. La plupart de nos concitoyens sont persuadés que faire du sport est ennuyeux et fatigant. Peu de gens sont capables de se débarrasser de leurs kilos superflus. Tout démontre le recours à une mauvaise méthode d'apprentissage. Et comme le fait de croire permet souvent à une prophétie de s'exaucer, ce qui devait arriver finit par arriver pour le diabétique : j'ai échoué et je vais encore échouer, car lorsqu'il s'agit de ma santé et de ma ligne, j'ai toujours échoué.

Lorsque la direction est la bonne,
on arrive toujours au but tôt ou tard.

La méthode prime tout

Dans une telle situation, il est nettement plus judicieux d'étudier la voie à emprunter. En effet, une personne qui souhaite aller de Hambourg à Paris et qui prend la direction plein Sud peut s'épuiser à aller toujours plus vite – elle n'arrivera jamais à Paris. Elle peut s'invectiver tant qu'elle veut et retourner sur ses pas : pour atteindre son but, elle doit s'arrêter, obliquer et prendre la direction de Paris.

Un changement d'habitudes alimentaires n'est pas très différent dans le principe. C'est le fait de corriger son orientation pour prendre le chemin qui mène au but. Au but que vous souhaitez atteindre et que vous atteindrez certainement si vous prenez la bonne direction.

Questions fréquentes concernant le projet de santé

J'ai suivi plusieurs fois une diète totale, sans jamais perdre un seul kilo. Comment est-ce possible ?

Une diète totale ne permet pas de perdre des kilos, mais plutôt d'en reprendre par la suite. Cela vient de ce que l'organisme passe sur un programme d'entretien, grâce auquel il peut longtemps surmonter les temps de famine. Et ce qui empêche d'être affamé empêche aussi de perdre du poids.

Je n'aime pas les fruits et les légumes. C'est la raison pour laquelle les régimes que j'ai suivis n'ont pas marché. Puis-je malgré tout parvenir à changer d'habitudes alimentaires ?

Changer d'habitudes alimentaires n'a rien à voir avec le régime. C'est pourquoi chacun peut changer ses habitudes alimentaires, même s'il ne parvient pas à tenir un régime. Au contraire, il faut absolument renoncer à tout régime, de même qu'à un passage rapide à une alimentation équilibrée hypocalorique, car vous le ressentiriez également comme un régime. Dans un passage progressif à une alimentation équilibrée, vos papilles sont éduquées et vous n'avez ni à vous affamer, ni à renoncer aux saveurs pour retrouver santé et minceur.

Si je fais attention aux glucides et que je ne fournis pas trop de glucose à mes cellules musculaires, puis-je manger autant de graisses que je le veux ?

Non, absolument pas. Les gens bien portants, mais surtout les diabétiques, doivent veiller à réduire leur consommation de graisses d'origine animale. L'insulinorésistance – réaction insuffisante à l'insuline – a non seulement pour effet de dérégler le métabolisme glucidique, mais également le métabolisme lipidique.

J'aimerais bien faire de l'exercice, mais je n'ai plus fait de sport depuis longtemps. Maintenant, je me demande si le sport me fait plus de bien ou de mal ?

Votre corps a été conçu de manière à ce que vous puissiez vous déplacer. Vos cellules musculaires sont toutes prêtes et veulent travailler. Commencez toutefois lentement, pour ne pas vous surmener et trop solliciter votre organisme. Passer d'un extrême à l'autre n'a jamais fait de bien à personne. Commencez par faire plus d'exercice en profitant de toutes les occasions d'aller à pied dans la journée. Allez vous promener et lorsque vous aurez retrouvé un certain rythme, vous pourrez réfléchir à l'activité sportive que vous pourriez pratiquer. Avant de commencer toutefois, il est conseillé d'en parler à votre médecin, afin d'éviter tous les risques éventuels.

Atteindre
les objectifs fixés

Certains jouent au Lotto toute l'année et finissent un jour par gagner le gros lot. Contrairement à ce qu'ils avaient rêvé, tout cet argent ne les rend pas plus heureux et satisfaits de leur vie. Certains partent à la recherche d'aventure ou d'une nouvelle vie pour revenir totalement défaits deux ans plus tard. Ces personnes, comme beaucoup d'autres, ont ceci en commun qu'elles veulent atteindre quelque chose, mais elles ne savent pas exactement ce qu'elles souhaiteraient changer dans leur vie. Et leur projet de « mieux se nourrir et

de plus bouger » est un projet ambitieux, qui suppose des idées et des ambitions précises, une préparation minutieuse, des objectifs clairs, de l'humour et de l'endurance.

Que ce soit la construction d'une maison, un déménagement ou un tour du monde, tout projet ambitieux demande à être bien préparé. Ou, comme l'a dit une fois l'humoriste Mark Twain : « Celui qui ne sait pas où il veut aller ne doit pas s'étonner d'arriver tout à fait autre part ».

Voyage
au pays de vos rêves

Voici une astuce simple pour vous aider à identifier vos objectifs dans le cadre du projet « mieux se nourrir et plus d'exercice » : imaginez que vous souhaitiez faire un long voyage dans un pays où tous vos souhaits se réalisent. C'est dans ce pays de Cocagne que vous voulez rester et vivre le restant de votre vie.

Les pays de Cocagne existent bel et bien

Les pays de Cocagne existent bel et bien : ils sont peuplés de gens qui concrétisent leurs désirs et leurs rêves. Des gens enviés par les autres ou pour leur réussite. Comme Karl Lagerfeld, par exemple, leader du monde de la mode depuis des années, ou encore comme Isabel Allende, cette écrivaine à succès qui a écrit ses premiers best-sellers à la main, le soir sur la table de sa cuisine.

On compte d'innombrables pays de Cocagne, tous très différents, et chacun de nous peut voyager dans le sien pour s'y installer. Malheureusement, tellement peu le font car de nombreux individus

> ne connaissent pas leurs désirs,
> ont des objectifs si peu concrets, qu'ils ne peuvent jamais les atteindre,
> ont peur de partir en voyage, parce que la tâche leur semble trop ambitieuse et parce qu'ils croient de ce fait ne pouvoir surmonter les obstacles.

Où le voyage doit-il mener ?

Pour entamer le voyage dans le pays de vos rêves pour votre projet de santé, vous devez naturellement tout d'abord savoir quels rêves vous souhaitez voir se réaliser. Et vous avez besoin d'objectifs concrets, car ce sont les seuls que l'on peut atteindre. Vous gâcheriez chaque week-end, si vous les abordiez avec l'idée « d'aller en Amérique ». L'Amérique est immense et l'objectif n'est pas assez concret. Les choses sont toutes différentes si vous décidez d'aller à New York et de séjourner dans un hôtel bien précis.

Nagez jusqu'en Angleterre

INFO

Le conseil bien intentionné consistant à dire qu'il faut manger moins et plus équilibré est pour beaucoup d'individus aussi absurde que si on leur disait qu'il suffit, pour gagner l'Angleterre, de traverser la Manche à la nage. Bien sûr, vous savez certainement nager et il existe aussi des gens qui l'on fait. Mais ils constituent plutôt l'exception que la règle, parce qu'un tel projet demande non seulement une préparation longue et systématique, mais aussi une certaine dose de folie.

Pour atteindre cet objectif, il vous suffit de vous préparer de manière appropriée.

« J'aimerais perdre un kilo » semble être une bonne résolution, mais c'est pour votre projet de santé un objectif aussi imprécis que de dire vouloir « aller en Amérique » comme destination de voyage. Votre comportement en matière d'alimentation et d'exercice physique est comme un pays énorme, composé de nombreux petits États reliés entre eux, telles les pièces d'un puzzle. Aucune des parties ne peut être modifiée sans que les autres le soient. C'est pour cela que vous devez avoir une idée tout à fait précise des changements que vous voulez opérer et des objectifs concrets que vous souhaitez atteindre. Vouloir manger moins ne suffit pas.

La nourriture et ses significations cachées

Manger, c'est bien plus que la simple ingestion d'aliments, que l'on peut à loisir augmenter ou réduire. Manger est un acte profondément ancré dans notre quotidien et touche à tous les domaines de l'existence humaine. L'organisme a besoin de nourriture pour exister. Ce que nous mangeons résulte d'un apprentissage culturel. La nourriture influence directement le psychisme et revêt un rôle social, en ce qu'elle réunit les hommes. La nourriture satisfait de nombreux besoins, elle console, elle agit contre le stress, elle donne une sensation de sécurité. Ce que nous aimons et ce que nous n'aimons pas manger, ce qui nous plaît et ce qui ne nous plaît pas, tout est

Vous pouvez atteindre une destination de rêve très éloignée, mais vous devez tout d'abord pouvoir la nommer précisément. Ce qui vaut pour les destinations de voyage s'applique tout autant aux objectifs de la vie.

inscrit dans des programmes d'apprentissage primitifs. Les papilles gustatives s'orientent d'après un goût culturellement appris.

En nous torturant par la faim, les programmes biologiques réclament toujours plus à manger, indépendamment de notre volonté. À tout ceci, vous n'avez qu'un objectif imprécis à opposer : « je voudrais perdre quelques kilos ». Il est facile de voir qu'un projet aussi ambitieux ne peut être atteint avec un souhait aussi vague.

La technique de l'écureuil

Courage, demandez conseil aux écureuils. Car vous pouvez apprendre beaucoup de ces rongeurs lorsqu'il s'agit de mener à bien un projet ambitieux. Afin de faire des réserves pour l'hiver, ils doivent souvent transporter d'énormes tas de noisettes. À aucun moment, ils ne gaspillent leur énergie, suivant le principe du tout ou rien, à vouloir tout transporter d'un coup. Noisette après noisette, ils parviennent à faire disparaître le plus grand des tas de noisettes qui existe. Et avant même que l'on ait le temps de s'en apercevoir, tout est nettoyé et bien rangé. Noisette après noisette, ils ont atteint leur objectif sans aucun stress ni aucune défaillance. Le secret de leur réussite est clair : ils ont un objectif concret, ils choisissent la seule voie valable pour l'atteindre et la suivent

de manière conséquente, jusqu'à ce qu'ils atteignent leur but.

Noisette après noisette

Les hommes sont le plus souvent moins raisonnables que les écureuils : ils essaient de tout affronter à la fois, suivant le principe du tout ou rien, et ils échouent souvent à cause de leur présomption. Même à notre époque où tout va vite, il est une règle qu'on ne peut ignorer : pour atteindre de grands objectifs, il faut investir le temps nécessaire. Ce n'est qu'une noisette ou un pas après l'autre que l'on peut les réaliser. Aussi, pour mener à bien votre projet de santé, le mieux est de vous aider de la technique qui fait le succès de l'écureuil :

1. Fixez les objectifs que vous souhaitez atteindre de manière très concrète.
2. Choisissez un moyen réaliste de venir à bout du tas de noisettes.
3. Prenez toujours une noisette après l'autre, malgré toutes les tentations contraires.
4. Suivez la voie choisie de manière méthodique, jusqu'à ce que le but soit atteint.

Au début, vous aurez encore quelques difficultés à appliquer cette méthode, parce que le principe du tout ou rien domine chez vous et que vous voulez trop en faire d'un seul coup. Pourtant, plus vous aurez atteint d'objectifs intermédiaires, plus le tas de noisettes se réduira, et plus la méthode des petits pas vous paraîtra facile.

Commencez
par le commencement

Les objectifs à long terme sont insidieux : ils sont nécessaires pour savoir où l'on veut aller, mais dès que l'on y pense, on voudrait les avoir déjà réalisés. Il est certes tentant de vouloir partir de la fin pour se fixer une méthode, mais cette manière de procéder est vouée à l'échec. Le fait de se fixer un objectif à long terme permet simplement de savoir ce que l'on souhaite avoir réalisé dans un futur lointain. C'est triste à dire, mais bien vrai : pour parvenir au but, il n'existe qu'un seul moyen, à savoir revenir au début et transporter les noisettes du tas, l'une après l'autre. Il n'existe pas de raccourcis, mais on peut choisir le chemin le plus court entre le début et la fin et éviter ainsi des détours.

Si l'on demande aux diabétiques quel est le vœu qu'ils souhaitent le plus voir se réaliser, tous ont la même réponse : manger ce qui me plaît sans avoir à m'affamer. Personne n'aime non plus a priori se torturer dans une salle de sports ou s'éreinter des heures à transpirer. Dans le même temps, tout le monde est prêt à faire quelque chose pour sa santé.

Vous voulez reprendre le contrôle de votre glycémie et, de manière générale, recouvrer la santé, la forme et la minceur.

Les désirs deviennent réalité

Dans l'ensemble, on peut résumer les souhaits des diabétiques (et donc les vôtres), et par conséquent leurs objectifs à long terme, en quatre points :

1. Pouvoir manger tout ce qui fait plaisir sans jamais avoir faim
2. Ne pas avoir à se torturer physiquement
3. Contrôler son taux de glycémie
4. Retrouver la minceur, la mobilité et la forme

Au premier abord, ces objectifs semblent contradictoires. Cela ne tient pas aux objectifs, mais au fait que vous pensez encore suivant le mode bien connu du tout ou rien. Vous n'arriverez pas à rapatrier le tas de noisettes en une seule fois, malgré toute votre bonne volonté. Si vous procédez au contraire noisette par noisette, sans vous décourager, vous devriez parvenir à concrétiser sans problème les souhaits que vous aurez exprimés.

Mangez ce qui vous plaît

On peut comparer le gros tas de noisettes que doit engranger l'écureuil à la modification progressive de votre goût. On peut – ou non – se disputer à ce propos. Malgré une apparente grande diversité en effet, notre goût est de type très européen. Nous sommes tous nés dans une certaine culture du goût. Nous avons grandi avec elle. Nous l'avons considéré comme une partie intégrante de nous-mêmes à l'âge adulte. Aussi, sommes-nous pour la plupart convaincus de ne pouvoir modifier notre goût. Heureusement, il n'en est pas ainsi. Le goût résulte en effet d'un apprentissage. Et tout ce qui a été appris peut être désappris ou révisé.

Culture du goût

Vous aimez les sucreries, les frites et les gâteaux ? La seule évocation de pommes de terre sautées ou d'une belle escalope vous fait saliver ?

C'est certainement que vous avez appris le comportement alimentaire typique dans notre sphère culturelle, et conditionné vos papilles à prendre les sucres et les graisses comme des renforçateurs du goût. Alors

Époque opulente

Nous vivons dans une toute nouvelle époque sur le plan alimentaire. Une époque incapable de gérer aussi bien l'excédent de l'offre alimentaire – unique dans l'histoire de l'humanité – que les aliments de fabrication industrielle. Notre société manque d'individus qui sachent gérer cette situation et qui pourraient servir d'exemple aux autres.

INFO

que si vous étiez nés en Chine, vous aimeriez surtout le riz, les légumes et les jeunes chiens ; et si vous aviez passé votre enfance en Thaïlande, vos plats favoris seraient si épicés qu'ils tireraient des larmes à des Européens.

Dans toutes les cultures du monde, ce qui plaît ou ne plaît pas est inculqué dès la naissance. Et aucun d'entre nous ne peut s'opposer à ce processus. Les programmes d'apprentissage destinés à assurer la conservation de l'espèce nous en empêchent.

La rencontre du bon et du bien

Les programmes d'apprentissage primitifs ont jusqu'ici assuré la survie de l'humanité. Également regroupés sous le concept de conditionnement en psychologie, ils fonctionnent suivant un principe simple : éviter tout ce qui peut être désagréable – et répéter tout ce qui est agréable. C'est un programme important dans le cas de l'alimentation, car il permet de distinguer rapidement ce qui est consommable de ce qui ne l'est pas. Comme nos lointains ancêtres, nous aimons manger les choses que nous associons à des sentiments agréables, et nous n'aimons pas les choses qui nous rappellent des souvenirs désagréables.

Les besoins sont à l'origine de tout

Sans besoins, les hommes n'agiraient plus : toutes nos activités et nos actions sont en effet destinées à satisfaire nos besoins. Comme il en existe toute une ribambelle, ils nous occupent sérieusement. Et comme ils ne peuvent pas tous être satisfaits en même temps, ils sont observés à des degrés divers et nous motivent parfois plus, et parfois moins, à l'action. D'après Abraham Maslow, l'un des principaux psychologues spécialistes de la motivation, la faim et la soif sont des besoins essentiels : ils garantissent la survie de l'individu et du genre humain, et c'est parce qu'ils occupent une place aussi centrale qu'ils doivent toujours être satisfaits en premier. On pourrait à peu près l'exprimer ainsi : celui qui crève de faim et qui n'a pas de toit n'a nul besoin d'être admiré pour sa Porsche.

La faim, élément moteur essentiel

La faim est l'un des principaux moteurs de l'action chez l'homme. C'est déjà elle qui a fait descendre nos ancêtres de l'arbre et inventer des outils pour les travaux dans les champs. C'est la force qui leur a permis de s'approcher des animaux sauvages et de les domestiquer, car la faim est plus forte que la peur.

La faim peut devenir une sensation négative capable de dominer l'être tout entier, de lui faire perdre toutes ses valeurs et de transformer un être social en bête immonde.

L'éducation du palais

On n'apprend pas ce qu'est la faim, mais quels aliments peuvent l'apaiser, et ce, par le conditionnement. Dans toutes les cultures, on fait manger les enfants. Tous apprennent dès le premier jour que la sensation négative de faim se change en bien-être lorsqu'ils mangent ce que leurs parents leur donnent. De par le monde, les enfants sont même félicités à cette occasion. C'est ainsi que chaque individu en vient à associer la nourriture avec des sentiments positifs et à aimer tout particulièrement les aliments qu'il connaît depuis sa tendre enfance. Ce conditionnement positif par rapport à certains plaisirs gustatifs est consolidé tout au long de la vie et étendu à d'autres aliments. Si vous aimez les pommes de terre sautées, vous aimerez aussi les frites et les chips. Si vous êtes conditionné par rapport au chocolat, vous aimerez aussi les pralines et les marbrés. L'entraînement quotidien de vos papilles avec sans cesse les mêmes plaisirs vous conduit finalement à croire que vous avez depuis toujours un goût bien défini. En réalité, vos papilles ont simplement été entraînées depuis votre plus tendre enfance à aimer certaines choses et à ne pas en aimer d'autres.

L'intervention des programmes biologiques

Les programmes biologiques ont eux aussi un rôle actif dans le processus de conditionnement. La vision et l'odeur de notre plat préféré nous fait tous saliver. Les papilles se règlent sur quelque chose de bien connu, l'estomac se prépare à la digestion et le cerveau envoie au pancréas le signal que du travail doit arriver incessamment. Tout est prêt pour assimiler le délicieux repas que l'on va prendre. S'il comprend notre plat préféré, tous les organes sont satisfaits et l'on se sent bien. Mais cela devient plus difficile lorsqu'on mange autre chose ou même encore rien du tout. Tout l'organisme est déçu et le fait savoir par une sensation de malaise. Or, les sentiments négatifs doivent être évités ; l'homme est ainsi fait.

La faim

> La faim est surtout un sentiment négatif. C'est pourquoi on ne mange pas seulement pour calmer sa faim, mais aussi pendant les périodes de plénitude, pour éviter la faim.
> La faim fait partie des besoins essentiels : elle est l'un des principaux éléments moteurs de l'action, beaucoup plus que le besoin d'amour et de reconnaissance.

INFO

Bon pour la santé mais pas pour le goût

Le programme d'apprentissage primitif de conservation de l'espèce n'est pas seulement établi pour répéter tout ce qui est agréable, mais pour éviter tout ce qui est désagréable. Vous vous rappelez encore de votre dernière tentative de régime ? Vous étiez sans arrêt rongé par une désagréable sensation de faim, qui vous rendait irritable et insatisfait. Et ce n'était pas non plus très bon. Exemple typique de conditionnement négatif : les fruits et la salade n'ont pas de goût, ils ne coupent pas la faim, ils sont désagréables et par conséquent à éviter. C'est le type de message simple qui résulte de chaque régime. Et parce que les individus peuvent transposer les expériences apprises, ils se conditionnent de sorte que rien n'ait de goût dans tous les aliments considérés « bons pour la santé ». Toutes les argumentations sont vaines, car le sentiment que les aliments sains sont désagréables est plus profondément ancré. Car la faim est un besoin essentiel qui motive plus à agir que la reconnaissance – et même encore plus que votre souhait de recouvrer la santé.

Si l'on veut changer ses habitudes alimentaires, il faut par conséquent veiller tout particulièrement à éviter la faim et le conditionnement négatif qui l'accompagne. Pour savoir comment réussir dans ce domaine, reportez-vous pages 110 et suivantes.

Les joies de l'exercice physique

Alors que l'écureuil doit rentrer son deuxième gros tas de noisettes, il s'agit pour vous de faire plus d'exercice physique au quotidien. Personne n'aime souffrir, mais l'homme aime bien bouger. Les nourrissons gigotent en permanence et il est difficile pour des enfants de rester tranquilles sans remuer.

Les adultes non plus n'ont pas perdu plaisir à l'exercice physique ; ce plaisir a simplement été masqué et doit être à nouveau révélé.

Le plaisir a été masqué par un programme biologique de préservation qui protège l'organisme du surmenage et fait des pro-

L'attrait du sucre

Qui était le premier de la poule ou de l'œuf ? On peut se poser la même question à propos de l'origine de l'attraction exercée par le sucre. Le lait maternel a-t-il un goût sucré pour que les nourrissons l'aiment ou est-ce simplement le premier conditionnement au goût sucré ? Une chose est sûre, les nourrissons ont l'air heureux lorsqu'on leur met du sucre sur la langue.

visions au temps des « vaches grasses », afin que le corps dispose de suffisamment de réserves pour les temps de famine et les performances difficiles. Comme ce programme biologique ne peut faire des réserves que lorsque les cellules musculaires brûlent le moins possible de glucose et de graisse dans leurs chaudières, il veille à ce que l'individu, dans la mesure où il n'y a pas d'urgence absolue, bouge le moins possible.

Malheureusement, l'obligation et la nécessité de se livrer à des activités physiques d'endurance ont disparu grâce aux techniques modernes. Pour l'homme d'aujourd'hui, un programme d'exercice physique minimaliste suffit. Nous nous contentons de solliciter à plein nos cellules grises.

L'histoire du petit Albert

INFO

Cet examen déterminant du conditionnement date d'un temps où les psychologues pouvaient se livrer à des expériences sur les orphelins sans crainte d'être poursuivis. En 1920 donc, John Watson et Rosalie Raynor ont pu démontrer pour la première fois sur la personne du petit Albert que l'être humain associe les réactions physiques avec des événements extérieurs et les généralise, autrement dit, qu'il les transpose à des événements similaires.

À quelle expérience se sont-ils donc livrés ? Le petit Albert, d'un an passé seulement, aimait beaucoup une souris blanche. À chaque fois qu'il la voyait, il manifestait sa joie. Watson et Raynor ont procédé à l'expérience suivante : à chaque fois que la souris pointait son museau, ils frappaient violemment sur un gong juste derrière l'enfant. Ce dernier associa bien vite la frayeur et le malaise qui s'en suivait avec l'apparition de la souris. Et il eut bientôt peur d'elle. Une fois qu'il eût commencé de fuir à sa simple vue, il fut récompensé par les deux chercheurs. Rapidement, Albert eut peur non seulement de sa souris, mais aussi de tous les animaux et objets à fourrure, et s'enfuyait, pris de panique à leur simple apparition.

On ne dit pas ce qu'il advint du petit Albert et comment il vécut avec ce conditionnement. Celui-ci fut toutefois à la base de nombreuses recherches menées par des psychologues et spécialistes des sciences de l'éducation. Aujourd'hui, il est démontré que le conditionnement et la généralisation sont des éléments majeurs de l'apprentissage et qu'ils sont très durablement ancrés dans la mémoire. De nombreuses études ont par ailleurs montré qu'il est très facile de conditionner quelqu'un grâce à la (privation de) nourriture.

De la construction de barrages au canapé

Avec le temps, la plupart des individus ont perdu la joie de se dépenser. Si les tout petits ne se fatiguent ni ne transpirent jamais à construire des barrages ou à se courir après à longueur de journée, cet enthousiasme s'arrête au plus tard à l'école. Les choses sérieuses de la vie commencent. Ce qui signifie : rester tranquille toute la journée et faire travailler ses méninges. L'exercice physique est limité au cours d'éducation physique, lequel est le plus souvent axé sur les performances sportives et ne fait plus de place au plaisir.

La dernière petite étincelle du plaisir à se bouger est tuée à la puberté. Pour être « cool », les ados se déplacent avec la même démarche nonchalante que les stars adulées du show-business et ne courent pas trempés de sueur dans la nature. Le corps est contraint à l'immobilité jusqu'à ce que son propriétaire devienne nonchalant et paresseux, et qu'il ne puisse plus accomplir que le strict nécessaire.

Surmenage et frustration assurés

Si l'on s'en réfère aux chiffres d'affaires des fabricants d'articles de sport et aux nombres d'adhérents des salles de sports, nous devrions former une nation de sportifs et d'inconditionnels de l'exercice physique. Pourtant, nous ne sommes que 10 pour cent environ à consacrer les 30 minutes quotidiennes requises à notre forme.

Il semblerait que chaque nouvelle mode du fitness parvienne à arracher les allergiques au sport à leur canapé pour les faire entrer dans des clubs ou des magasins de sport. Mais c'est généralement un feu de paille. Car les promesses des nouvelles tendances du fitness sont irréalistes pour des individus non entraînés ; elles sont trop axées sur les performances et conduisent les ronds-de-cuir ou les automobilistes se trouvant trop rondouillets à se surmener.

Très vite, ils s'aperçoivent que, même avec les appareils les plus récents et le meilleur équipement, les activités sportives se soldent par des retombées négatives, des courbatures et de la fatigue, qu'elles font transpirer et sont désagréables – et doivent donc être évitées à ce titre. Et le succès

> La joie de se dépenser est encore bien présente chez les enfants.

attendu n'est pas au rendez-vous. Les kilos n'ont pas fondu, la musculature ne s'est pas affermie, aucune amélioration n'est à constater.

Quelques euros en moins et toujours autant de kilos

Aussi, la plupart reviennent-ils frustrés vers leur petit fauteuil et restent-ils bien sagement assis. Même s'ils savent qu'ils devraient faire plus d'exercice, ils sont convaincus intérieurement que toute forme de sport n'est pas faite pour eux et qu'il vaut mieux se reposer après une journée de travail stressante que d'encore se presser pour aller s'éreinter dans une salle de sports.

La santé, c'est d'abord dans la tête

Les psychologues et les pédagogues l'ont démontré : c'est la pensée qui nous dicte nos actes. Et la pensée est déterminée par notre apprentissage. Par ailleurs dans tout ce qu'il fait, l'homme poursuit un besoin et la satisfaction d'un désir. Tout cela semble bien compliqué, mais la réalité est en fait très simple. Ce comportement se retrouve déjà chez le nourrisson : lorsqu'il a faim, il pleure et il apprend vite qu'en tétant le sein de sa mère, il peut calmer sa faim et qu'il se sent mieux.

En fait, l'individu pratique un sport (actes) uniquement s'il croit (pensée/apprentis-sage) qu'il sera en meilleure santé et prendra du plaisir (intention). Si vous pensez au contraire que le sport n'est pas pour vous, parce que c'est trop fatigant et que cela ne vous apporte rien, vous ne pratiquerez aucun sport et vous irez peut-être au bistrot du coin prendre un verre.

Apprendre pour agir

La réussite de votre projet de santé dépend donc surtout de ce que vous pensez et de ce que vous croyez. Ce qui dépend à son tour de votre conditionnement, qui détermine vos actions. Cela ne sert pas beaucoup de vouloir faire autre chose tant que l'on reste attaché à ses anciennes convictions. Au début de votre projet, vous devrez d'abord apprendre à faire les choses d'une autre manière, à penser autrement, et ensuite seulement à poser de nouvelles actions, en vue de réaliser de nouveaux objectifs. Ce processus s'applique tout autant au goût qu'à l'exercice physique. Vous devrez par exemple tout d'abord réaliser que l'exercice peut procurer du plaisir, avant de vous jeter sur une nouvelle discipline sportive. Vous devrez réapprendre et réexpérimenter combien cela est agréable de dépenser toute l'énergie accumulée et de se sentir à nouveau libre et léger grâce à l'exercice physique.

Entretien avec Béatrice*,
victime d'un diabète de type 2

Béatrice est âgée de 38 ans ; malgré son travail et ses deux enfants, elle a réussi à ramener son taux de HbA_{1C} à moins de 6,5 %, après une longue période au-dessus de 9 %. Aujourd'hui, elle n'a plus besoin de prendre de médicaments et sa vie est encore plus remplie qu'avant.

> Béatrice, vous avez l'air très heureuse et épanouie. On dirait que votre changement de mode de vie vous a fait beaucoup de bien.

Je n'ai absolument pas changé de mode de vie. J'ai toujours aimé ma vie. J'ai deux enfants merveilleux, beaucoup de bons amis et un métier qui me plaît. Pourquoi devrais-je changer quoi que ce soit ? Cela ne m'a encore jamais traversé l'esprit.

> L'an dernier, votre taux de HbA_{1C} était encore de 9 % et aujourd'hui, il s'est rétabli à 6,5 %. Comment cela est-il possible ?

L'année dernière, je me suis retrouvée, presque par hasard, dans une réunion sur le diabète. Pour la première fois, j'ai pu prendre conscience que tout allait bien dans ma vie. Je n'avais qu'un problème – à savoir ma santé réduite. Je parvenais assez bien à gérer la situation.

> Qu'avez-vous changé depuis ?

Avant, à chaque fois que mon médecin me le suggérait, j'essayais de réduire mon poids et mon taux de glycémie par un régime. Mais j'étais habituée à la bonne cuisine bourgeoise, que je cuisinais par ailleurs moi-même. Dès que nous allions chez mes parents, toutes mes bonnes résolutions étaient oubliées, je salivais à l'idée du repas préparé par ma mère. Aujourd'hui, je ne fais plus de régime, j'ignore le repas maternel et je pratique régulièrement du sport.

> Lorsqu'on vous entend, on croit assister à une émission publicitaire dans laquelle le succès arrive sans efforts ?

Personne ne croit qu'il existe un produit nettoyant qui rende tout propre dans la maison sans que l'on ait besoin de frotter. Mais j'ai cru pendant des années que l'on pouvait devenir mince et rester en bonne santé sans trop s'investir. C'était en fait une erreur dévastatrice, que j'ai payée de ma santé.

Pour réussir, les dieux ont dû verser beaucoup de sueur, n'est-ce pas ?

Il ne s'agit pas tant de sueur que d'intelligence. Et la mienne était plutôt anesthésiée, quand il s'agissait de ma ligne et de ma santé. J'avais réussi à gérer tout le reste ; même avec deux jeunes enfants et un travail, j'arrivais encore à suivre des conférences le soir.

Ainsi, vous avez réactivé votre intelligence afin de recouvrer la santé ?

Non, j'ai utilisé mon intelligence pour comprendre les raisons de mes actes et mettre à profit mes points forts pour recouvrer la santé. Lors de la réunion sur le diabète, plusieurs bons exemples ont été donnés dans ce sens, ce qui m'a fait réfléchir : je me suis dit que si je parvenais à élever mes enfants, je devais pouvoir m'élever moi-même de manière similaire.

Et cela a été aussi facile ?

Je n'avais plus trop le choix, si je ne voulais pas que mes enfants souffrent un jour de mes « faiblesses ». Grâce à mes talents culinaires, ils étaient sur le point de devenir de vrais mollassons. Et que vous apporte une mère malade ou une mère qui vous donne le diabète ? Dès lors, l'objectif était clair : changement d'habitudes alimentaires et plus d'exercice pour tous.

Toute votre famille devait participer ?

Naturellement. Nous nous sommes assis autour d'une table pour élaborer un plan de bataille. Chacun avait son mot à dire, car nous devions tous participer. Nous avons écrit le plan sur une grande feuille, qui est maintenant affichée dans la cuisine. La réalisation de chaque objectif est récompensée par des points, que les enfants se disputent.

Tout cela n'est-il pas très fatigant pour votre famille ?

Pas du tout, au contraire, nous sommes plus heureux ensemble et nous communiquons beaucoup plus. Alors que nous passions auparavant le dimanche entier devant la télévision, nous faisons aujourd'hui des randonnées. Mon mari et moi-même travaillons tous les deux ; malgré tout, nous amenons les enfants à la patinoire le soir. Nous avons même acheté des rollers. Chacun a maintenant sa bicyclette, pour que nous puissions randonner tous ensemble. Et une fois par semaine, nous allons nager en famille. Grâce à ces diverses activités, nos relations sont nettement plus souples et plus détendues.

> Comment vos parents et amis ont-ils réagi à ces changements ?

Ma mère était très vexée que nous ne voulions plus déjeuner chez elle ni manger ses gâteaux. Et il a fallu longtemps pour la convaincre que ce qui est bon peut avoir des effets négatifs. Aujourd'hui, c'est à qui de nous deux cuisinera les plats les plus délicieux et les plus sains. Mon père est le seul à qui il arrive encore parfois de maugréer. Les hommes ont souvent plus de mal à se faire aux changements que les femmes. C'est un fait que l'on observe également dans notre cercle d'amis. Nous avons déjà converti nombre de nos amies. Les hommes sont les seuls à rechigner, surtout lorsqu'il s'agit de se passer de bières et de viandes grillées. C'est pourquoi les repas entre amis recèlent encore certains dangers et réclament beaucoup d'attention. Les enfants au contraire se sont très bien faits à la situation et ils refusent catégoriquement tous les plats contenant des graisses.

* Pour des raisons de confidentialité, le nom n'a pas été indiqué. Malheureusement, beaucoup de malades du diabète de type 2 redoutent encore d'être mis à l'écart. Béatrice craignait elle aussi que ses collègues pensent qu'elle n'était plus assez performante à son poste.

Les grandes orientations

Chacun de nous peut atteindre ses objectifs si, comme l'écureuil, il prend une noisette après l'autre et s'il évite le principe du tout ou rien. Mais pour atteindre les objectifs à long terme de votre projet de santé «changement d'habitudes alimentaires et plus d'exercice physique», vous devrez penser autrement, changer complètement d'orientation et déclarer la guerre aux conditionnements positifs et négatifs.

Ainsi, pendant toute la durée du projet de santé, vous devrez absolument respecter les orientations suivantes :

> Éduquer progressivement vos papilles.
> Renoncer à toute forme de régime ou même un rapide changement d'habitudes alimentaires.
> Renoncer à toute forme de surmenage physique.
> Surveiller régulièrement votre glycémie et noter les valeurs mesurées.

Les objectifs à court terme

Ce sous-titre est à lui seul tout un programme : les objectifs fixés ne sont pas prévus pour se réaliser dans un lointain futur, mais dans un délai prévisible. Ce sont les premières étapes concrètes sur le long chemin qui mène à l'objectif final. Il n'est pas judicieux de s'imposer des objectifs intermédiaires trop ambitieux et de se laisser guider par des rêves. En effet, la réalité vous rattrape bien vite. Celui qui sait se fixer des objectifs modestes et réalistes a toutes les chances de connaître une belle réussite.

Au début de votre projet de santé, vous venez tout juste de changer d'orientation et vous devez être très attentif. Alors, ne placez pas la barre trop haut. Voici quelques objectifs à court terme réalistes pour ledit projet :

> Changement d'une habitude alimentaire.
> Plus d'exercice au quotidien.
> Maintien du poids corporel.
> Contrôle de la glycémie.

Les objectifs à moyen terme

Les objectifs à moyen terme s'appuient sur les objectifs à court terme atteints. Vous pouvez envisager de les mettre en œuvre à partir du moment où tous les objectifs à court terme ont effectivement été atteints et stabilisés. Suivant le rythme de chacun, cela peut prendre de quatre à six mois. Voici des exemples d'objectifs à moyen terme :

> Perte de poids sur l'année de 5 à 10 % du poids initial.
> Taux de glycémie constant.
> Mise en œuvre de tous les changements d'habitudes alimentaires.
> Intégration de l'exercice physique et des activités sportives dans le quotidien.

Les indispensables récompenses

Les orientations prises vous permettent d'éviter tout nouveau conditionnement négatif. D'autre part, vous pouvez vous-même participer au conditionnement positif : offrez-vous des récompenses ! Et ce, à chaque fois que vous avez atteint un objectif. Vous vous ferez plaisir et vous vous donnerez du courage pour tenter le pas suivant. Vous aurez aussi plus confiance en vous. Enfin, cela vous fera prendre conscience du succès, de tout ce que vous aurez déjà accompli.

Car dans les premiers temps, vos efforts pour perdre du poids n'apparaîtront pas sur la balance, et personne ne vous dira combien vous avez minci. Le médecin et vous-même serez les seuls à remarquer les changements. Vous pourrez le constater tous les deux au taux de glycémie qui ne cesse de s'améliorer. Vous pourrez en outre vous-même le constater à vos vêtements, qui lentement mais sûrement, se feront trop amples.

Toutefois, avant d'en arriver là, vous devrez vous-même vous louer et vous féliciter. Que diriez-vous d'un beau vêtement, d'une soirée au théâtre, d'une séance de soins dans un salon de beauté, d'un beau livre, etc. Offrez-vous quelque chose, même si le temps est plutôt aux économies. Une récompense par objectif est indispensable – même si ce n'est qu'un après-midi sympathique sans enfants ni obligations.

> Faites-vous plaisir dès que vous avez atteint un objectif. D'une part, vous l'avez mérité, et d'autre part, les récompenses motivent et rendent plus fort.

Récapitulatif des objectifs

Objectifs à long terme

> Pouvoir manger tout ce qui fait plaisir sans jamais avoir faim.
> Ne pas avoir à se torturer physiquement.
> Contrôler le taux de glycémie.
> Retrouver la minceur, la mobilité et la forme.

Objectifs à moyen terme

> Perte de poids sur l'année de 5 à 10 % du poids initial.
> Taux de glycémie constant.
> Mise en œuvre de tous les changements d'habitudes alimentaires.
> Intégration de l'exercice physique et des activités sportives dans le quotidien.

Objectifs à court terme

> Changement d'une habitude alimentaire.
> Plus d'exercice au quotidien.
> Maintien du poids corporel.
> Contrôle de la glycémie.

Changement de cap (grandes orientations)

Éviter les conditionnements négatifs

> Nouvelle éducation progressive de vos papilles.
> Refus de toute forme de régime et même d'un rapide changement d'habitudes alimentaires.
> Refus de toute forme de surmenage physique.
> Contrôle régulier du taux de glycémie et consignation des valeurs mesurées.

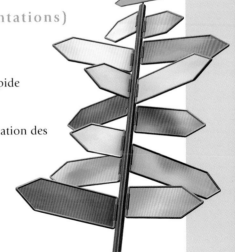

Récompense
pour les objectifs atteints

Auto-conditionnements positifs

> Se récompenser à chaque objectif atteint.
> Ne jamais se récompenser par de la nourriture ou pire, des sucreries.
> Se récompenser immédiatement après avoir atteint un objectif.
> Ne pas repousser les récompenses ou ne pas les annuler à cause de contraintes extérieures.

Le petit diable
qui sommeille en nous

Les objectifs et les moyens pour les atteindre ont été définis. Vous pourriez dès maintenant commencer votre projet « changement d'habitudes alimentaires et plus d'exercice ». Mais vous ne le faites pas, parce que ça tombe vraiment mal, parce que les enfants sont fatigants, parce qu'un anniversaire est prévu pour bientôt, parce que vous avez trop de travail au bureau ou parce que c'est bientôt Noël. Vous avez beaucoup de raisons de ne pas commencer aujourd'hui, mais seulement demain. Mais demain ne viendra jamais, car vous reportez toujours au lendemain, et ainsi de suite.

Et à qui la faute ? Au petit diable, à la petite voix négative qui est en chacun de nous. Parler d'un petit diable, c'est un peu exagéré, car il est d'une compagnie agréable : il se prélasse volontiers sur le canapé sous une bonne couverture chaude et s'abreuve de télévision. Aller se promener est pour lui un supplice, et lorsqu'il pleut, il n'est pas question de lui faire mettre le nez hors de la maison. S'il ne tenait qu'à lui, l'exercice physique pourrait se limiter aux trajets entre le canapé et la table de la salle à manger, et inversement.

Le petit diable est convivial : il aime les gens qui se laissent aller et qui, comme lui, aiment bien la bonne chère et ne refusent jamais un bon verre. Le petit diable ne fait pas partie des amis des marathoniens, des cyclistes ou des joggers, car il n'a rien en commun avec eux. C'est en voiture ou en train qu'il voyage, car il peut alors observer le monde en toute tranquillité, sans avoir à s'époumoner.

Le petit diable qui est en nous

Le petit diable est un phénomène : il siège dans la tête de chacun d'entre nous et nous connaissons tous sa voix enjôleuse et sa tactique pour revenir s'affaler dans le canapé. Ses arguments pour se la couler douce ou manger de bonnes choses sont séduisants et convaincants : « une fois, c'est pas un pêché », « le sport, c'est la mort », « tu peux manger une pizza aujourd'hui, tu mangeras un peu moins demain », « c'est pas un temps à mettre un chien dehors » et bien d'autres formules encore de son immense répertoire. Le petit diable veut ce qu'il y a de mieux pour chacun, autrement dit : prendre ses aises, bien manger, éviter la fatigue et le stress.

Comme le petit diable a-t-il pu s'insinuer dans ma tête ?

C'est une longue histoire : en effet, il s'est insinué en vous alors que vous n'étiez encore qu'un(e) enfant. À cette époque, il était encore plus petit qu'aujourd'hui, mais s'exprimait assez violemment. Vous étiez franchement en colère lorsque vous deviez faire quelque chose dont vous n'aviez pas envie ou lorsqu'il y avait au menu un plat que vous n'aimiez pas. C'est encore lui qui vous conseillait de chaparder le chocolat dans le buffet pour le dévorer en cachette ou de dépenser l'argent du quatre heures en boissons au cola.

Un ami bien intentionné mais de mauvais conseil

Le petit diable a toujours eu de bonnes intentions à votre égard. Depuis votre tendre enfance, il s'efforce de noter vos expériences négatives et de vous prévenir de telles situations. Pour lui, ce qui est positif, c'est tout ce qui est confortable et mauvais pour votre ligne, car c'est un descendant du programme de conservation de l'organisme. Il hait les efforts physiques inutiles et il n'est pas question pour lui d'avoir faim. Il vous déconseille de manière particulièrement insistante de tels comportements. Pour lui, une discussion difficile ou les tâches ménagères qui restent à faire sont immédiatement cataloguées comme préjudiciables et il vous conseille de les repousser au moins d'une journée.

Un morceau de tarte, du rôti ou des hamburgers le font au contraire jubiler. Comme il sait pertinemment que cela vous plaît, il vous torture jusqu'à ce que vous vous serviez.

Prisonnier de vieilles chaînes

Le petit diable est la voix dans votre tête qui vous empêche de faire ce que vous voulez. Sous le prétexte de ne vouloir que ce qu'il y a de mieux pour vous, cette voix vous susurre d'anciennes vérités depuis longtemps dépassées. Le petit diable ressort toutes les expériences d'apprentissage négatives pour justifier le fait que vous ne devriez en aucun cas évoluer ou changer d'une quelconque manière. Vous êtes tombé une fois en courant dans la nature ? C'est une raison pour lui d'avancer que toute course dans la nature est dangereuse. Un proche vous a blessé ? C'est pour lui l'occasion de vous conseiller de vous méfier de tous les hommes. Le petit diable est un véritable alarmiste, un empêcheur de tourner en rond, qui ne connaît qu'une solution : fainéanter, laisser faire les choses, ne jamais rien tenter de nouveau et conserver ses vieilles habitudes. Comme il vous connaît mieux que quiconque, ses arguments font mouche à chaque fois et atteignent toujours votre talon d'Achille.

Le petit diable s'est enhardi

Le petit diable a pris une importance démesurée parce que vous l'avez toujours conforté dans l'idée que ses opinions étaient les bonnes. Il remporte des victoires faciles parce que vous ne prêtez même plus attention au fait que vous êtes conditionné négativement et que vous le suivez en tous points aveuglément. Les courbatures et les sensations de faim sont bien évidemment désagréables, le petit diable l'a bien retenu, tout comme les arguments grâce auxquels il peut vous éloigner de telles expériences désagréables. S'il n'y avait rien de plus normal lorsque vous étiez encore sur la mauvaise voie, rien n'a changé pour le petit diable malgré votre décision de changer d'orientation – et peu de choses risquent de changer si vous continuez à lui obéir sans faire preuve d'esprit critique.

Le petit diable, vainqueur sur tous les fronts

Dans la vie, toutes les décisions, petites ou grandes, méritent que l'on réfléchisse et que l'on pèse le pour et le contre. Mais dès qu'il s'agit de nourriture et d'exercice, le petit diable entre en jeu et défend sa position ; il retourne toutes les voix qui sont contre lui. Il faut dire qu'il est habitué à ce qu'elles lui obéissent et qu'il ressorte à chaque fois vainqueur. Dans chaque débat, l'issue ne fait aucun doute dès le début. Le petit diable impose sa volonté : vous n'allez pas vous promener, vous mangez des bonbons, vous avalez deux saucisses grillées, alors que ce n'est pas du tout ce que vous voulez.

Personne n'échappe au petit diable

Comme le petit diable est le descendant d'un programme biologique de conservation, qui se transmet tout autant que la faim et le plaisir de l'exercice physique, il ne vous quittera jamais ; il vous accompagnera toute votre vie durant, même s'il est plus nuisible qu'utile dans notre société moderne. C'est en effet lui qui veille à ce que vous vous reposiez, même si vous n'avez pas fait d'efforts physiques, ou à ce que vous preniez une nourriture très calorique, alors que vous n'avez pas faim. Avec pour conséquence de vous rendre malade, gros et fainéant, alors que vous aspiriez à plus de santé, de minceur et de vivacité.

Les voix intérieures

Les voix intérieures sont le fruit de nos expériences d'apprentissage. Elles résultent de tout ce que vous pensez, et en fin de compte, de ce qui fait votre personnalité, avec toutes vos idées, tous vos comportements et tous vos préjugés. Elles sont profondément ancrées dans votre esprit et ne peuvent être effacées. Toutefois, le poids que vous accordez à ces voix intérieures, vous pouvez le décider, et par là même, modifier votre attitude face à la vie ainsi que vos idées.

La ronde des pensées

Les gens n'ont pas une idée après l'autre, mais plutôt beaucoup d'idées simultané-ment. Certaines sont plus prononcées, certaines sont plus discrètes, certaines sont au premier plan, d'autres sont difficiles à distinguer à l'arrière-plan. Un exemple typique : vous vous trouvez devant un escalator dans un grand magasin, alors que vous vous étiez promis de ne plus emprunter que les escaliers. Une foule d'idées traversent votre esprit : « il serait mieux pour ma santé de monter à pied ; mais pas aujourd'hui ; mais où est l'escalier ; si je n'étais pas aussi pressé ; on ne doit pas forcément être toujours conséquent ; c'est comme ça qu'on tombe dans la routine ; avec la mauvaise qualité de l'air du magasin, monter par l'escalier ne doit pas être bien sain ; où sont mes clés, ah oui, dans ma poche ; bon, je vais prendre l'escalator, et demain, promis, j'en fais vraiment plus ; pourquoi est-ce que je voulais aller au

Laisser « vagabonder » ses idées

Lorsqu'on laisse « vagabonder » ses idées, on entend plusieurs voix à la fois. Les voyages en train, les promenades ou les salles d'attente sont particulièrement propices à ce type d'exercice, apparenté à la pensée. On passe du coq à l'âne, on n'arrive pas à focaliser ses pensées et on laisse chaque voix intérieure débiter machinalement son monologue.

INFO

deuxième étage ; ah oui, des aiguilles à tricoter ; je commence à avoir faim ; bientôt, il va m'arriver pareil qu'à Sophie... »

« La conférence des pensées »

Comme nous l'avons vu plus haut, l'action est dictée par la pensée, elle-même déterminée par notre apprentissage. Avec la « conférence des pensées », la boucle est bouclée. Les conditionnements et les expériences d'apprentissage positifs et négatifs s'expriment par le biais des voix intérieures. À chaque fois qu'on doit décider d'agir ou de ne pas agir, nous pesons intérieurement les différents arguments en faveur de l'une ou l'autre décision.

Si vous faites bien attention, vous remarquerez qu'on peut réunir ces pensées par groupes : le groupe des pensées positives, qui vous soutiennent, vous permettent de vous féliciter et de reprendre courage. Mais il y a aussi les pensées négatives, qui rendent hésitant et mal assuré, entraînent une remise en question et la négation systématique de tout projet.

La voix du plus fort

Dans chaque prise de décision démocratique, tous les participants doivent tout d'abord pouvoir exprimer leurs vues pour prendre ensuite une décision commune. Dans la conférence des pensées, le processus n'est pas encore vraiment très démocratique. Vos décisions sont déterminées par une seule voix intérieure : celle du petit diable. Ce dernier s'impose, intervient à tort et à travers, parle plus fort que tous les autres, de sorte que vous n'entendiez et n'écoutiez plus que lui et que vous finissiez par faire ce qu'il vous dicte. Vous êtes tellement habitué à lui obéir – pour ce qui est de l'alimentation et de l'exercice physique – que vous ne faites même plus attention aux autres voix.

De temps à autre malgré tout, une petite voix se fait entendre pour dire combien vous avez vécu de belles choses en promenade : elle vous rappelle combien sont agréables les senteurs des bois et les scintillements du lac que vous avez longé. Ou alors, une autre petite voix vous rappelle combien les raisins et les pommes sont délicieux. Mais elles sont toutes étouffées par le petit diable. C'est le vainqueur incontesté de toutes les consultations intérieures et il tient à le rester.

Le souverain détrôné

On ne peut ignorer ni se défaire du petit diable. Dès que vous tentez l'une ou l'autre de ces actions, il s'arc-boute. Il aime être votre maître et veut bien sûr le rester. Mais vous pouvez lui enlever sa force et finir par ouvrir une brèche et faire enfin ce dont vous avez vraiment envie : vous investir pour votre santé et mener à bien votre projet dans ce domaine. Et ce, sans risque de voir le petit diable à nouveau tout réduire à néant.

La technique du stop

La meilleure technique pour réduire la domination du petit diable, c'est bien celle du stop. Dans le cas d'actions et de décisions à court terme, elle est beaucoup plus efficace que toute discussion intérieure. Dès que vous commencez à discuter, vous perdez d'emblée le combat contre le petit diable, car c'est un gagneur. Mais sa force s'évanouit, si vous refusez d'engager le combat avec lui.

Prenons une situation typique : vous avez décidé de faire une promenade quotidienne. Dès le deuxième jour, cela en est déjà trop pour le petit diable et il essaie de vous convaincre qu'il vaudrait mieux laisser tomber la promenade pour aujourd'hui. Demain est un autre jour, aujourd'hui vous n'avez vraiment pas le temps et en fait pas vraiment envie, tels sont ses arguments. Dans de tels moments, pensez tout haut : « Stop ! j'y vais malgré tout, et même tout de suite ! ». Même si tout cela vous paraît absurde et infantile au début, concentrez-vous sur cette seule phrase et forcez-vous à penser à haute voix. Plus vous procéderez ainsi, plus les arguments du petit diable seront réduits à néant. Au demeurant, vous devrez alors vous mettre immédiatement en route, car plus vite vous partirez, plus vous raccourcirez le temps durant lequel vous devrez anéantir les arguments du petit diable en lui criant dessus.

Le premier obstacle passé, le petit diable réapparaît peu de temps après. Il en a assez et voudrait rentrer, il rouspète et s'énerve comme un petit enfant. Rien n'est assez bon pour lui, tout l'ennuie. Et il vous décrit de manière idyllique comme il serait merveilleux de rester tranquillement à la maison un bon livre entre les mains.

Vous devez vous imposer

Si une telle situation se prolonge, la technique du stop ne suffit pas. Vous avez besoin d'alliés, à savoir des pensées qui vous soutiennent dans votre action. Pour ce faire, vous devrez prendre la présidence des débats dans la « conférence des pensées ». Une fois que le petit diable a donné ses arguments, vous pouvez par exemple vous demander quelles sont les raisons valables

Un stop catégorique cloue le bec au petit diable.

Les voix intérieures

Les voix intérieures sont diverses et variées : ci-dessous, une petite sélection de celles que l'on rencontre le plus et qui se contredisent relativement souvent.

L'enthousiaste inconditionnelle

Cette voix adhère à tous les projets avec un grand enthousiasme. Elle voudrait que tout soit mis en oeuvre immédiatement, elle ignore les difficultés et les problèmes. « C'est si beau d'aller se promener ; je vais perdre du poids, ça c'est sûr ; essayer de nouvelles recettes, c'est vraiment une très bonne idée ; faire une promenade dans la forêt, c'est vraiment génial ».

La pessimiste

Cette voix se fait généralement entendre immédiatement après l'intervention de la précédente. La pessimiste dresse de chaque projet un tableau des plus sombres, ne voit que des échecs et des obstacles. « Je vais peut-être attraper un gros rhume si je continue à marcher sous la pluie ; je vais avoir beaucoup de rides si je maigris ; faire quelque chose de manière régulière, je n'y suis jamais arrivé ; les autres y arrivent, pas moi ».

L'optimiste

Elle est le pendant de la pessimiste et balaye toutes les menaces. Avec sa vision positive de l'avenir, elle est persuadée que vous atteindrez tous les objectifs que vous vous êtes fixés. « La promenade me permettra de stabiliser mon taux de glycémie ; je peux vivre avec le diabète et le vaincre ; j'ai déjà atteint tant d'objectifs, ce n'est pas un petit changement d'habitudes alimentaires qui va me faire peur ».

La nonchalante

Elle a du temps à revendre. Pourquoi devrait-on se stresser, alors qu'il y a tant de choses et d'autres à faire et que l'on peut si facilement se perdre dans des fioritures ? « Quel beau caillou, je dois absolument l'observer de plus près ; je peux bien aller un peu moins vite, personne n'est à mes trousses ; quel pouvait bien être mon taux de glycémie il y a deux mois ? ».

L'énergique

Elle peut mettre la nonchalante au pas et s'avère la meilleure des alliées contre le petit diable. Elle ne s'en laisse guère compter et parle vraiment haut et fort. Les autres voix – dont le petit diable – n'ont souvent pas grand-chose à lui opposer. « Maintenant, on avance ; c'est pas un peu fini, ces lamentations ; mais qu'est-ce que c'est que cette truffe au chocolat, ça n'intéresse personne, à la poubelle, vite ! ».

de continuer. Nombre de voix secourables vont se manifester, sans cesse entrecoupées par le radotage du petit diable. Si vous neutralisez chacune de ses interruptions en lui disant de manière énergique que ce n'est pas son tour, il va se tenir plus tranquille avec le temps et toutes les autres voix auront, elles aussi, enfin droit au chapitre. Une promenade est l'occasion rêvée de prendre tranquillement la direction de la confrontation d'idées qui se déroule dans votre for intérieur. Vous ne serez pas interrompu dans vos réflexions, les idées viendront facilement avec la marche et vous aurez le temps de mieux faire connaissance avec vos propres voix intérieures et de vous abandonner à vos pensées.

La mise en place de nouvelles habitudes

Beaucoup pensent qu'habitude est synonyme d'ennui, mais nous avons besoin d'habitudes. Si nous n'avions pas les habitudes pour nous délester, nous serions surchargés de décisions à prendre. Ainsi, pose-t-on ses clefs ou son courrier toujours au même endroit, lave-t-on ses fenêtres suivant le même rituel et nettoie-t-on sa voiture toujours avec les mêmes gestes. Il faut un peu de temps et de concentration pour mettre en place une habitude, mais lorsqu'elle est bien installée, tout fonctionne tout naturellement. Plus besoin de se prendre la tête – qui reste alors libre

pour d'autres choses plus importantes. Le meilleur exemple d'habitude à prendre concerne la conduite d'une automobile. Au début, il faut penser à tout : débrayer, passer la vitesse, lâcher lentement la pédale d'embrayage tout en accélérant lentement... Tout est assez laborieux et difficile. La suite des opérations étant toujours la même, une habitude finit par s'installer et tout se passe ensuite tout naturellement. La conduite commence alors à procurer du plaisir, on apprécie la vitesse et le fait que l'on est capable de maîtriser le véhicule.

Les habitudes dans la lutte contre le petit diable

Vous pouvez tirer parti des avantages que procurent les habitudes dans la lutte contre le petit diable. Elles constituent l'un des moyens les plus efficaces de le réduire au silence. C'est pourquoi vous devrez vous forger certaines habitudes dans tous les changements qui entrent dans le cadre de votre projet de santé : si vous partez par exemple vous promener toujours à la même heure ou si vous prenez à chaque fois l'huile d'olive au lieu du beurre, vous allez tellement vous y accoutumer que, au bout de peu de temps, vous n'aurez même plus à penser à ce que vous faites. Et comme vous ne réfléchirez plus au fait de savoir si vous devez ou si vous ne devez pas faire telle ou telle chose, le petit diable n'aura plus aucune chance de vous suborner. C'est aussi simple que cela.

Vouloir une chose et son contraire

Au début de votre projet de santé « changement d'habitudes alimentaires et plus d'exercice physique », vous avez un rude combat à mener avec le petit diable. Les vieilles habitudes sont encore présentes et les nouvelles ne sont pas encore bien en place. Vos alliées sont encore trop faibles, les papilles restent comme auparavant habituées aux graisses et aux sucres, et vos programmes d'apprentissage ne sont pas encore reprogrammés. Vous manquez par ailleurs d'expériences positives, que vous ferez avec le temps, par une nouvelle attitude envers vous-même et votre santé. Ainsi, vous retrouvez-vous souvent au début en situation de « vouloir une chose et son contraire », autrement dit d'avoir simultanément envie de deux choses en soi contradictoires. Vous voulez manger des frites, mais votre raison vous l'interdit. Vous ne voulez pas sortir, mais votre raison vous dit que c'est important.

Conflits et solutions

Les conflits sont déplaisants, même s'ils ne nous opposent pas aux autres mais à nous-mêmes. Ceux-ci surviennent généralement lorsque vous n'arrivez pas à trancher entre deux options. Vous êtes stressé et vous n'arrêtez plus de penser à ce conflit, jusqu'à ce qu'il soit enfin réglé. C'est pourquoi les gens aiment régler les situations de conflit le plus vite possible. Dans la phase initiale de votre projet de santé, il existe toutefois un risque permanent de ne pas faire ce que vous voulez réellement et que des actions logiques soient bloquées par les arguments faussement logiques du petit diable. Du fait de vos anciens conditionnements, vous restez en effet convaincu de la justesse de votre mode de vie actuel, à l'encontre de toute logique. C'est encore un temps fort pour le petit diable. Il vous fournit tous les arguments fallacieux voulus pour continuer d'agir comme auparavant, sans que vous perdiez la face pour votre comportement illogique. C'est la « dernière fois » que vous mangez des frites ou que vous restez dans votre fauteuil « parce qu'il faut bien se reposer de temps en temps ». Vous avez ainsi résolu votre conflit, mais votre ligne et votre glycémie n'en sont pas meilleures pour autant. Le petit diable attend avec impatience le prochain conflit, dont il sortira vainqueur. Ce qui a marché une fois, à savoir sa logique, fonctionnera à coup sûr la fois suivante. Et il a malheureusement raison sur ce point.

Démasquer le subterfuge pour éviter le danger

Si vous avez réussi à identifier le subterfuge, vous pourrez très vite démontrer le caractère fallacieux des arguments du petit diable et agir comme vous le commande votre raison.

Stratégies de résolution des situations de conflit

Situation de conflit : vous êtes au tout début de votre projet de santé
et l'une de vos collègues de travail a apporté votre gâteau préféré.

Le petit diable prend immédiatement la parole : « C'est vraiment sympa de sa part d'avoir pensé à moi. Et, en plus, à mon gâteau préféré. J'ai vraiment envie d'en manger. »

Et la voix de la raison d'objecter : « Je ne voulais plus manger de gâteau, parce que mon taux de glycémie grimpe alors si rapidement et mes cellules étouffent sous l'excédent de glucose. »

Ce à quoi le petit diable rétorque aussitôt : « C'est pas un bout de gâteau qui va faire la différence, je peux le manger sans problème. »

Technique de stop à l'aide de la voix « énergique » : « Stop ! je ne le mangerai pas, c'est hors de question ».

Le petit diable, déjà un ton plus bas : « Mais qu'est-ce que je vais faire de ce bon gâteau ? ».

La voix énergique : « Peu importe : il ne doit pas passer par moi et me rendre malade. Sa place est au réfrigérateur ».

Le petit diable : « Lorsque ma copine verra ça, elle sera certainement vexée ».

La voix énergique : « Petit diable, maintenant ça suffit. Si elle se vexe, ce n'est pas mon affaire. J'enlève le gâteau ». Vous vous levez alors pour placer le gâteau au réfrigérateur.

Situation de conflit : vous avez dorénavant décidé, après votre travail,
de parcourir à pied le trajet qui conduit de l'avant-dernière station
de bus jusqu'à chez vous.

Le petit diable : « Je suis tellement vanné après une journée aussi fatigante. Je continue en bus jusqu'à la maison ».

La voix de la raison : « Je suis resté assis toute la journée. Je m'étais promis de faire plus d'exercice et je me sens toujours beaucoup mieux après avoir marché ».

Le petit diable : « Mais mon dos me fait tellement mal aujourd'hui. Mieux vaut que je marche quatre stations de bus demain. Comme ça, j'aurais rattrapé par rapport à aujourd'hui ».

La voix de la raison : « Existe-t-il une raison valable de supposer que j'aurai demain plus envie de marcher qu'aujourd'hui ? En fait, aucune ».

La voix énergique : « Fin de la discussion ! Comme ça, je ne fais que me pourrir la vie. Bon, maintenant je me lève et je descends ».

Le petit diable : « Ça n'a aucun sens ! Je peux encore rester un peu assis ».

La voix énergique : « Oh que non ! Sinon, tout le cinéma va recommencer. Stop ! Maintenant, j'y vais, ça suffit ! ». Vous vous levez et vous allez vers la porte de sortie du bus ; de là, il est plus facile ensuite de descendre.

Réalisez bien que vous êtes dans une situation de conflit et que vous allez le résoudre à votre avantage. Avec la technique du stop, vous tiendrez aisément le petit diable en échec, et si vous appelez à la rescousse la voix intérieure « énergique », vous aurez de bonnes chances de le réduire au silence. Avec le temps, vous sortirez de plus en plus victorieux des duels avec le petit diable. Vous apprendrez à identifier les situations de conflit délicates pour vous, mais aussi comment vous y préparer et mieux gérer les conflits.

I N F O

La pression du groupe

Qu'il s'agisse d'une famille, d'un cercle d'amis ou de collègues de travail, tout groupe a besoin de caractéristiques communes pour se démarquer des autres groupes. À chaque membre du groupe est part ailleurs affecté un rôle bien défini. Ainsi s'établit un sentiment d'appartenance, qui est entretenu de manière très empirique. Tout membre qui se comporte d'une autre manière que le prévoient les règles du groupe est ramené dans le rang, d'une pression tout d'abord légère puis très insistante. Si ces manoeuvres ne suffisent pas, le dissident est exclu.

Les grands tentateurs

Les situations de conflit les plus graves et les plus délicates à gérer surviennent là où on les attend le moins : parmi ses amis, ses connaissances et ses collègues. Ce sont les plus grands tentateurs. Par comparaison, même le petit diable est un enfant de chœur. Vos amis et vos connaissances sont bien intentionnés et il est difficile de leur expliquer que vous ne voulez ni goûter au gâteau amoureusement préparé par la tante Thérèse, ni aux délicieuses saucisses tellement appétissantes, mais gorgées de graisse, lors du barbecue dominical. Fait intéressant, ils avancent les mêmes arguments que le petit diable : « Ce n'est pas ce petit morceau de gâteau qui va te faire du mal. Juste un dernier petit verre. Je me suis tant donné de mal pour te faire plaisir ».

Les arguments de vos amis sont captieux et votre volonté vacille à chaque « non » que vous devez leur opposer. Par peur de blesser les autres ou d'être mis à l'écart, la plupart des individus finissent par céder au bout d'un certain temps.

Les points communs rapprochent

Vous vous êtes certainement déjà demandé pourquoi vos amis, vos connaissances et vos collègues ont besoin de vous avoir à manger, alors qu'ils savent bien que vous avez du diabète.

Cela s'explique très simplement : les humains sont des êtres sociables, des mammifères grégaires, qui se réunissent en fonction de caractéristiques communes : que ce soit parce qu'on partage les mêmes idées, parce qu'on travaille ensemble, parce qu'on appartient à la même famille ou qu'on partage les mêmes intérêts.

Bien des groupes sont aisément identifiables, comme les policiers ou les supporters de foot. Pour d'autres, c'est plus difficile. Mais tous ont un dénominateur commun : il est de bon ton d'observer certains rituels pour montrer que « l'on est de la même famille ». Tous les membres doivent participer à ces rituels. Ceux qui ne s'y soumettent pas sont mis à l'index. Dans certaines familles, on fête chaque année Noël de la même manière, et tous les membres de la famille se doivent d'être présents. Certains amateurs de tauromachie vont passer chaque année une semaine en Espagne, certains amis jouent au tarot chaque semaine ou se retrouvent deux fois par semaine pour faire un jogging. Les êtres humains aiment partager, et les activités communes ont pour effet de rassembler les individus… aussi longtemps toutefois que l'on s'en tient aux règles du jeu, le plus souvent non écrites. Les cercles de famille ou d'amis réagissent de manière très vive lorsqu'un de leurs membres s'avise d'enfreindre ces mêmes règles. Tous se sentent menacés, parce qu'ils croient qu'une personne qu'ils aiment ne veut plus être l'un des leurs. Ils se sentent rejetés en tant que personnes

Si l'on n'a pas faim, on peut résister même au fumet de belles saucisses grillées.

qui veulent partager quelque chose avec les leurs.

Tout le monde veut votre bien

Manger, c'est bien plus que la prise de nourriture : c'est un acte social. Ève a donné la pomme à Adam pour partager avec lui la connaissance. Lorsque vous êtes invité à manger chez des amis ou des connaissances, c'est un signe clair que le partage du repas est l'un de leurs rituels d'appartenance au groupe. C'est un rituel qui vous unit à vos amis, qui inspire un sentiment d'appartenance, parce que tous partagent le même plat, le savourent ensemble et peuvent communiquer autour de ce repas partagé. En règle générale, ce n'est pas conscient, mais ressenti de manière intuitive : celui qui mange comme les autres appartient au groupe, et celui qui ne mange pas s'exclut de ce même groupe.

Comme vos amis souhaitent vous voir adhérer au groupe, et non vous en éloigner, vous êtes convié à participer à ce qui les réunit : le repas en commun.

Pour parvenir à leurs fins, ils ne reculent devant rien et ont recours à toutes les astuces possibles et imaginables pour vous convaincre de les rejoindre. Ils se sentent personnellement attaqués si vous refusez leur délicieux gâteau, ils se fâchent si vous ne mangez pas du rôti bien gras ou encore cessent de vous inviter si vous ne faites que picorer les plats qu'ils vous proposent. En bref, ils exercent sur vous une terrible pression pour que vous vous comportiez comme vous en aviez auparavant l'habitude ou comme il se doit entre amis et collègues. Certes, il n'est pas aisé de résister à cette pression, mais on peut y parvenir si l'on emploie les stratégies appropriées.

Le barbecue

Un barbecue entre amis peut servir à illustrer plusieurs situations de conflit similaires.

Naturellement, vous voulez tenir bon et vous vous promettez d'ignorer les saucisses grillées, la viande et les frites avec mayonnaise ou Ketchup. Toutefois, comme vous supposez qu'il y aura autre chose à manger, vous allez au barbecue l'estomac creux, et il se passe ce qui devait se passer : à peine arrivé, le parfum alléchant de la viande grillée vous titille le nez et vous fait saliver. Votre ventre gargouille et vous aimeriez bien maintenant manger quelque chose. Vous faites d'abord preuve de courage et prenez de la mâche, mais le fumet de la viande dans les narines et la salade devant vous, vous louchez avec envie sur les autres qui sont tout heureux de s'empiffrer. Alors que vous luttez encore contre le petit diable sur le fait de savoir si vous ne vous laisseriez malgré tout pas tenter par « rien qu'une petite saucisse », l'un de vos amis vient vers vous et vous tend une assiette avec l'un des plus beaux morceaux de viande, grillée exprès pour vous.

Tant que votre verre est plein, personne ne s'apercevra que vous ne buvez pas.

Vous vous armez de courage et vous refusez. Incrédule et un peu vexé, votre ami s'en va et vous laisse avec cette mauvaise conscience et vous apitoyer sur vous-même. Non seulement, vous ne prenez aucun plaisir à la fête, mais vous avez faim. Vous êtes d'humeur massacrante et ne le cachez pas. À force de dire non, vous vous êtes exclus et vous avez été mis à l'écart. Vous êtes le malade, celui qui ne peut pas faire comme les autres.

Pour la plupart des individus, la simple idée que cela puisse arriver leur fait tellement peur, qu'ils mangent tout de suite comme les autres, afin de ne pas se retrouver dans cette situation embarrassante. Après au plus deux « je ne devrais pas », ils se servent copieusement et le jour suivant, ils ruminent leur « échec ».

Les astuces qui marchent

En faisant ce qu'il faut, vous n'aurez pas à être confronté à cette situation, désagréable autant pour vous que pour les autres. Nous l'avons vu, la faim est un besoin essentiel, l'un des principaux éléments moteurs de nos actions. Ne sous-estimez pas non plus votre odorat, car c'est principalement l'odeur du repas qui éveille l'appétit. Aussi, ne vous rendez jamais à un barbecue ou à une fête la faim au ventre car vous allez ingurgiter des quantités de choses que vous ne vouliez absolument pas manger au départ. Au contraire, si vous n'avez pas faim

du tout, vous pourrez résister aux odeurs les plus alléchantes. Évitez par ailleurs de refuser des boissons ou des plats, au risque de vous opposer à la pression du groupe ou de vous en exclure. Comme vous n'avez plus faim, vous pouvez sans problème remplir votre assiette. Personne ne contrôlera à quelle « vitesse » vous mangez. Par ailleurs, évitez de finir votre assiette, laissez-en toujours la moitié. Vous pouvez procéder de même pour les boissons.

Une attitude active et non plus passive

Prenez le temps d'observer vos amis, vos connaissances et vos collègues. Presque tous veulent perdre du poids et mincir et pratiquement aucune femme n'est satisfaite de sa ligne.

Vous connaissez par ailleurs le rôle du repas en commun. À savoir que l'important n'est pas vraiment ce que l'on a dans son assiette, mais bien plutôt le plaisir d'être ensemble. Si vous êtes assez habile, vous pouvez tourner ces deux faits à votre avantage.

Du trouble-fête au créateur de tendances

Pour rester sur l'exemple du barbecue : soyez créatifs et proposez à vos amis et connaissances des alternatives alléchantes aux traditionnelles recettes graisseuses. Vous aurez ainsi l'avantage de piocher allégrement dans le buffet sans devoir trahir vos bonnes résolutions. Naturellement, vous ne pourrez attirer personne dans votre cuisine avec du poivron grillé, vous devez proposer quelque chose de familier sans trop heurter le goût des autres. Vous pouvez faire mariner de la dinde et la présenter comme particulièrement savoureuse et digeste. De même, les truites en papillotes reçoivent généralement un très bon accueil.

Tous les gens sont curieux et aiment bien essayer quelque chose de nouveau, même vos amis. Mais il ne faut pas que ce soit toutefois trop nouveau, il faut un certain lien avec l'ancien car autrement, personne ne voudra goûter. Et comme presque tous veulent garder la ligne, vous avez les meilleurs arguments qui soient : les recettes que vous proposez sont délicieuses, elles peuvent se déguster à plusieurs, elles ne pèsent pas sur l'estomac et aident en plus à rester mince. Mais ne dites jamais que quelque chose est bon ou meilleur pour la santé, vous essuieriez un refus.

L'avantage d'être celui qui invite

Il n'y a rien de tel que de se réunir autour d'une table avec de bons amis et de charmants invités pour partager un bon repas. En accueillant vos amis avec des plats légers et délicieux, vous établirez de nouvelles normes en matière d'invitation. Mais n'oubliez jamais : lorsque vous tentez quelque chose de nouveau, vous devrez être particulièrement bien préparé et avoir vraiment bien réfléchi pour que votre entreprise soit couronnée de succès.

Réfléchissez très exactement à ce que vos amis aiment manger d'habitude et compo-

Du bon choix des mots

Si vous voulez rallier vos amis à de nouvelles recettes, évitez les expressions du type « bon pour la santé ». La plupart des individus ont été conditionnés pour croire que ce qui est bon pour la santé n'a pas de goût et ils en ont une idée négative à la base. Dites plutôt que ça ne contient pas de graisses, que c'est nouveau, délicieux et... différent. Vous piquerez ainsi leur curiosité.

Offensive minceur : des légumes et des pâtes jusqu'aux desserts aux fruits, en passant par le poisson et la viande maigre, il existe une foule de plats à la fois digestes et délicieux.

sez autour de leurs goûts un menu pauvre en graisses et ne contenant par ailleurs pas de chaînes de glucides courtes, mais uniquement des chaînes longues.

En entrée, vous pouvez proposer de la mâche aux noix ou une portion de spaghetti au ragoût de poissons. En plat de résistance, poursuivez avec des escalopes au paprika ou des brochettes de poulet, et terminez, pour le dessert, par un beau sorbet aux fraises. Vous pourrez puiser votre inspiration dans une foule de livres de recettes. Vous pouvez aussi leur proposer la même cuisine que d'habitude, simplement un peu plus légère et plus digeste. Une chose compte par-dessus tout : évitez absolument de désorienter vos amis et leurs papilles avec une cuisine qui leur serait tout à fait étrangère. Votre objectif n'est pas de les rebuter, mais de les défier dans un duel autour de la « cuisine minceur ». Ne cachez pas que les repas lourds vous rendent toujours apathique et nuisent à votre ligne. Expliquez combien vous vous sentez mieux depuis que vous mangez plus léger. Mettez vos amis au défi de faire un menu encore plus léger à leur prochaine invitation. Organisez le concours de celui qui réalisera le menu le plus léger et le plus varié, ou de celui qui fera le gâteau le plus délicieux et le moins calorique, ou encore de celui qui trouvera les meilleures idées pour dresser un buffet pauvre en calories.

Vous établirez ainsi de nouveaux objectifs pour votre cercle d'amis et obtiendrez le soutien, dont vous avez cruellement besoin pour pouvoir mener à bien votre projet de santé.

> ## Les stratégies de compagnons d'infortune

> **Marion, 36 ans :** dans notre petit groupe d'amis, on fait beaucoup la fête et on aime bien manger. Lorsque mon diabète s'est déclaré, j'ai voulu tous les convaincre de s'alimenter plus sainement ; je trouvais que cela suffisait que l'un de nous en soit atteint. Tous m'ont écoutée bien sagement, mais c'est tout. Je me suis heurtée à un mur. Heureusement, la mode de la cuisine asiatique et au wok est arrivée. Je me suis immédiatement acheté un wok et un livre de recettes. Lorsque j'ai invité ensuite mes amis, j'ai fait un tabac. Tous ont été jaloux de mes talents de cuisinière asiatique et tous ont voulu s'y mettre. Tout à fait spontanément, nous avons décidé que nous cuisinerions asiatique un jour par semaine. Nous avons depuis conservé cette habitude.

> **Anne, 58 ans :** avant, chez nous, je préparais le repas typique de Bourgogne. Lorsque mon mari a eu du diabète, j'ai voulu lui imposer un régime et je l'ai finalement fait fuir de la maison par ma cuisine. Après m'être bien énervée, j'ai pensé que je devais changer ma façon de faire. J'ai de nouveau cuisiné de la manière dont il était habitué, tout en évitant et en filtrant les graisses, puis les sucres. J'ai fait plus souvent de la salade. Mon mari est aujourd'hui à nouveau en bonne santé et à moi aussi, cela me fait beaucoup de bien.

> **Manuel, 44 ans :** cela ne me gêne pas le moins du monde de dire aux autres que je suis diabétique, mais j'ai toujours eu pas mal de problèmes à expliquer pourquoi je ne voulais ni ne pouvais manger certaines choses. Aujourd'hui, je dis à chaque fois que le diabète est une sorte d'allergie alimentaire et que c'est pourquoi je ne supporte pas bien divers aliments. Tout le monde comprend, personne ne se sent plus ni vexé ni offensé lorsque je m'abstiens de manger certains plats.

> **Édith, 72 ans :** avec mes amies, nous nous invitons depuis des années chacune notre tour pour prendre le café l'après-midi, deux fois par semaine. Nous n'avons jamais lésiné sur les petits gâteaux, les tartes à la crème, etc. Mais, depuis un certain temps, deux d'entre nous ont du diabète, de l'hypertension et un taux de cholestérol trop élevé. Nous nous sommes longuement concertées sur le fait de savoir si des dames d'un âge aussi respectable que le nôtre pouvaient s'adapter aux tendances de notre époque. Et, il y a six mois, nous avons essayé. Cela fonctionne à merveille. Nous avons remplacé les tartes à la crème par du pain complet aux céréales, que nous avons nous mêmes fabriqué, puis tartiné de compote de fruits au fromage blanc. Au début, nous avons trouvé ça un peu comique, mais nous nous y sommes vite habituées. Depuis, nous avons trouvé encore plein d'autres recettes extraordinaires.

Il n'y a que le premier pas qui coûte

Le diagnostic du diabète de type 2 marque le début d'un nouvel épisode dans votre vie. Pourtant, contrairement à ce qui se passe après un déménagement ou la naissance d'un enfant, rien n'a changé dans votre environnement immédiat. Tout est toujours pareil, sauf que vous souhaitez désormais évoluer, être plus concerné et mieux maîtriser votre vie et votre santé. Aussi, devez-vous vous préparer – tout au moins dans les débuts – à vous retrouver dans de nombreuses situations familières qui réveillent immédiatement vos vieilles habitudes, ainsi que le petit diable, et susceptibles de vous replonger dans vos anciens comportements.

Sachez tourner ces inconvénients à votre avantage. Vous savez exactement ce qui vous attend. Vous pouvez donc bien vous préparer à l'avance et prendre les contre-mesures appropriées dans ce type de situations conflictuelles.

Fêtes de famille : danger !

Dans la plupart des fêtes de famille, notamment les anniversaires, Noël ou Pâques, on reste longtemps assis à table, on mange et on boit beaucoup. Difficile de résister, car les tentations sont grandes et le temps passe lentement. Aussi, n'allez jamais à une fête de famille le ventre creux ; mangez un petit plat de spaghetti à la sauce tomate ou deux tranches de pain complet avec du fromage blanc. Vous serez rassasié pour un bon moment, et par conséquent armé contre les tentations. Vous pourrez alors sans problème manger quelque chose avec les autres convives, car vous allez tout naturellement vous servir moins et mieux. Vous trouverez par ailleurs certainement quelqu'un pour faire avec vous une promenade digestive.

Petits fours et fêtes d'anniversaire

On comprend aisément qu'on ne peut se sortir d'une telle situation de conflit le ventre vide. Pour les timides, il est conseillé de choisir le morceau du gâteau qu'ils préfèrent et de le manger très lentement. Ceux qui sont un plus sûrs d'eux passeront à l'attaque et apporteront un gâteau aux fruits succulent, qu'ils auront eux-mêmes préparé avec très peu de sucre, en s'inspirant « d'une toute nouvelle recette recommandée par une célébrité du moment ». Vous pouvez être certain que tous voudront goûter à votre gâteau et qu'il leur plaira. Vous aurez peut-être même contribué à lancer une nouvelle tendance.

La nouvelle cuisine est légère
et bonne pour la santé :
à consommer sans modération.

Sorties au restaurant

Vous avez envie de sortir un soir dans un restaurant chic et raffiné pour fêter quelque chose ? Cette perspective ne doit pas vous préoccuper. Pour une telle occasion, la question « mais qu'est-ce que je vais me mettre ? » est bien plus difficile à résoudre que le choix d'un restaurant. Vous pouvez en effet aller manger dans tous les grands restaurants. Les portions sont inversement proportionnelles au prix ! Plus c'est cher, moins il y en a dans l'assiette. Les produits utilisés sont d'une qualité irréprochable et parfaits pour garder la ligne. Si vous ne mangez pas plus de deux plats et que vous sautez les desserts, vous n'avez aucun souci à vous faire.

Mais il en va tout autrement dans les restaurants gastronomiques traditionnels. Vous trouverez au menu presque uniquement de véritables bombes caloriques. Mais là aussi, on peut aisément tirer son épingle du jeu. Une soupe pas trop épaisse pour commencer vous coupe la faim et l'appétit. Prenez ensuite du poisson ou de la viande non panée avec un grand bol de salade. Enfin, buvez beaucoup pendant le repas. Vous serez plus vite rassasié.

Et si tout cela ne servait en fait à rien ?

Vous vous étiez bien préparé aux situations de conflit, tout se présentait très bien, et puis le petit diable a quand même fini par gagner. Ne vous en faites pas, cela peut arriver à tout le monde. Ne gaspillez pas votre énergie et votre matière grise à vous rabaisser inutilement. Essayez plutôt de voir en quoi la tentation était si forte pour que vous ayez fini par lui succomber. Et préparez-vous encore mieux pour faire face à des tentations similaires les prochaines fois.

Mais ne commettez surtout pas l'erreur de croire que vous avez échoué et que « tout cela n'en vaut pas la chandelle, parce que vous n'y arriverez jamais ». Une rechute, ce n'est pas si terrible, c'est plutôt un signe que les pas que vous voulez accomplir sont peut-être tout simplement trop grands. Personne ne réussit parfaitement du premier coup et toutes les erreurs sont faites pour que nous en tirions des enseignements.

Questions concernant votre projet de santé

Souvent, je ne sais pas réellement où j'en suis avec mes désirs et mes objectifs. Comment faire pour y voir plus clair ?

Chez nombre d'individus, les souhaits sont masqués par un amas de considérations rationnelles, mais il existe une bonne astuce dans ce cas : imaginez qu'une fée apparaisse devant vous et exauce trois de vos désirs. Vous pouvez souhaiter vraiment tout ce que vous voulez. Seule condition : chaque vœu doit être présenté de manière claire et précise, et il ne doit pas concerner l'argent.

Mon mari a du diabète. J'aimerais bien l'aider, je cuisine de manière plus saine et j'ai réuni des tas d'informations pour lui. Mais il n'y prête même pas attention. Que faire de plus ?

Aussi dur que cela puisse être à entendre : rien. Votre mari est adulte et il a pris sa décision. Même s'il reçoit beaucoup d'aide de votre part et de celle du corps médical, il souhaite oublier son diabète et continuer à vivre comme si sa santé n'était pas réduite. Pour déterminer pour quelle raison il choisit cette voie, qui le met en danger et vous préoccupe, seul un psychologue pourrait l'aider. Comme il refuse certainement une telle aide, vous devez, pour rester vous-même en bonne santé, trouver un moyen d'accepter sa décision.

Bien que je me donne beaucoup de mal, je n'arrive pas à hiérarchiser mes voix intérieures. Peut-être suis-je trop perturbé ?

Mais non ! Comme la plupart des individus, vous manquez encore un peu d'expérience. Allez doucement et répartissez-les tout d'abord en deux catégories : les voix positives qui vous soutiennent et les voix négatives qui vous inhibent. Demandez-vous ce que vous aimeriez : par exemple, « que se passerait-il si je devenais directrice du département ? » ou « que se passerait-il si je partais seul en vacances ? ». Pour vous aider, vous pourrez essayer d'écrire tout ce qui vous vient avec chaque souhait. Les choses vont ainsi se structurer plus vite. Et plus vous prêterez attention à vos voix intérieures, plus il vous sera aisé de les classer.

Est-il exact que les diabétiques, comme les alcooliques, peuvent avoir des rechutes ?

Oui et non. Le diabète n'est pas une addiction, comme l'alcoolisme, et il ne peut donc être question de rechute. Chez les diabétiques toutefois, il arrive souvent qu'ils redeviennent sédentaires et reprennent leurs mauvaises habitudes alimentaires. C'est pourquoi ils doivent être très vigilants et ne pas se laisser envoûter par le petit diable.

Joindre les actes à la parole

« Il y a une mer entre les paroles et les actes » dit un proverbe italien. Mais cela n'est plus vrai pour vous. Votre mer est devenue une petite mare, que vous traversez désormais sans peine. Vous savez ce que vous voulez et vous suivez la voie de tous ceux qui réussissent : des débuts lents pour finalement atteindre la perfection. Ainsi, ce sera pour vous un jeu d'enfants que d'avancer dans la vie, plus mince, en meilleure santé et de parfaite humeur.

L'exercice physique, un vrai remède miracle

Omniprésent, il peut être utilisé à tout moment. Il ne coûte rien et agit malgré tout plus efficacement que tout médicament : c'est l'exercice physique ! Il fait comme par enchantement disparaître la résistance à l'insuline et l'hypertension. Comme par magie, les taux de cholestérol LDL baissent, et les kilos superflus fondent. L'exercice physique redonne à la personne stressée son équilibre, annihile ses tensions, lui permet de retrouver une ligne agréable et de rester en pleine forme intellectuelle et physique. L'exercice renforce les articulations et le système immunitaire, il donne plus de mobilité et peut même guérir des problèmes psychiques. Employé raisonnablement, non seulement il n'a pas d'effets secondaires, mais il met aussi de bonne humeur et procure joie et plaisir dans la vie. Pour bénéficier de ses bienfaits, nul besoin d'un équipement coûteux ni d'une salle de sports. Vous pouvez aussi bien être au bas qu'au sommet de l'échelle des salaires, vivre dans une banlieue triste ou le plus petit village. Du nourrisson jusqu'au rentier, tout le monde peut profiter de ce remède miracle.

Vous n'avez qu'une chose à faire pour qu'il agisse sur vous : pratiquer régulièrement l'endurance, stimuler vos cellules musculaires pour qu'elles brûlent beaucoup de glucose et de graisse dans leurs chaudières. Plus elles convertiront l'énergie alimentaire en énergie de déplacement, plus vous serez en bonne santé, mince et en forme. C'est un processus basique.

L'époque où l'effort physique était encore normal

Il y a cinquante ans de cela, rares étaient les individus qui avaient à se demander s'ils devaient faire ou non de l'exercice physique. Les choses étaient claires dans ce temps-là : pour avoir chaud en hiver, il fallait avoir coupé son bois plus tôt dans l'année. La lessive était un véritable tour de force, un travail physique épuisant. Au printemps, la terre du jardin devait être retournée et celle des champs labourée. En été, on faisait les foins, et en automne, on moissonnait.

Dans les villes aussi, la vie ne semblait pas moins harassante. Dix heures de dur labeur physique était le lot de la grande majorité des travailleurs. L'escalator ou l'ascenseur n'existaient pas encore. Les visites et les courses se faisaient à pied ou à bicyclette. Les rues étaient des terrains de jeux pour les enfants.

Une vie bien trop confortable

Au cours des dernières décennies, les conditions de vie se sont fondamentalement modifiées. Grâce au progrès technique, nous sommes parvenus à bannir de notre vie toute nécessité d'effort physique. Nous nous sommes rendus la vie confortable. Le chauffage central maintient les appartements bien chauds, la voiture, le train et l'avion nous transportent d'un endroit à l'autre. Les travaux physiques difficiles au bureau ou à la maison sont assurés par toute une armée de machines dévouées, et notre nourriture provient du supermarché. Toutefois, nos programmes biologiques sont restés les mêmes et ils ne peuvent être modifiés, même avec la meilleure volonté. Les seules cellules que nous faisons encore travailler aujourd'hui sont les cellules grises.

Perversion du programme de conservation de l'espèce

Alors que les contraintes du travail physique au quotidien ont disparu, le programme de conservation de l'espèce continue de dicter sa loi, même durant les loisirs. Comme le révèle une enquête, près des deux tiers de la population ne pratique quasiment aucun sport : près des trois quarts des individus restent tous les jours assis devant leur téléviseur.

Être gouverné par les programmes de conservation et de stockage est certes commode, mais dans l'intervalle, c'est notre corps qui trinque.

Ce dernier est équipé pour l'effort physique et non pour la sédentarité. Face à cette situation nouvelle, il n'a pas de programmes d'urgence, car le mouvement et l'effort physiques ont été tout au long de l'évolution à la base de la survie de l'espèce. Le corps ne connaît que des programmes de conservation qui le protègent de l'épuisement ou du surmenage. Sans sollicitation à l'effort d'endurance, ce qui était conçu au départ pour la survie de l'espèce se retourne contre l'homme et le rend malade, gros et paresseux. Et avec chaque kilo en plus, il devient toujours plus difficile de se remettre à l'exercice physique.

De la paresse à la forme

Il n'est pas facile de se lever du canapé pour se remettre à faire de l'exercice. Celui-ci est en effet bien confortable et le téléviseur fait entrer le monde entier dans le salon. Comme les contraintes extérieures qui exigeaient des efforts physiques constants ont disparu et que les programmes de conservation sont, quant à eux, toujours bien présents, vous n'avez plus que votre propre motivation pour déclarer la guerre à la nonchalance et à la paresse.

Pour parvenir à franchir ce pas, si petit et pourtant si grand à la fois, il faut conserver présent à l'esprit un objectif précis, une représentation concrète de ce à quoi l'on aspire. C'est pourquoi vous devez savoir très précisément quel objectif vous souhaitez atteindre au pays de vos rêves ; un objectif duquel vous vous approcherez à tout petits pas ou, noisette après noisette, et que vous atteindrez ainsi très certainement.

Mes objectifs à long terme

Avant de vous lever du canapé, demandez-vous si vous le voulez vraiment. Si oui, demandez-vous pourquoi vous voulez faire plus d'exercice. Vous pourriez alors commencer par prendre un papier et un crayon pour noter ces objectifs. Cette phase est importante, car vous devrez avoir vos objectifs pendant assez longtemps devant vos yeux pour pouvoir vous y référer dans les situations de crise. D'autre part, le fait d'écrire oblige à formuler ses pensées de manière claire et ciblée. C'est exactement ce dont vous avez besoin maintenant, car les déclarations d'intention vagues et les représentations nébuleuses ne mènent nulle part. Les objectifs à long terme sont aussi divers et variés que les personnes qui en décident. Ci-après quelques suggestions pour vous aider dans votre réflexion :

> Je veux reprendre en main mon taux de glycémie.

> Je veux que mes cellules musculaires puissent à nouveau travailler correctement.

> Je veux être à nouveau en parfaite santé pour mes enfants.

> Je veux retrouver le plaisir de faire de l'exercice.

> Je veux retrouver la ligne et la forme.

> Je veux pouvoir jouer avec mes petits-enfants sans m'essouffler.

Les objectifs s'inscrivent plus facilement et plus profondément dans votre esprit lorsqu'ils sont formulés de manière claire et précise. « Je voudrais », « j'aimerais bien » ou « ce serait bien si » expriment des possibilités et non une volonté affirmée, et donc pas un objectif précis. Or, vous voulez atteindre un objectif clairement défini. N'hésitez pas à le formuler de manière très concrète. Si le petit diable s'avisait à nouveau d'intervenir, faites-lui bien comprendre qu'il vous faut énoncer clairement vos désirs pour pouvoir les réaliser.

S'il reste sourd à vos arguments, faites-le taire avec la technique du stop.

Mes objectifs à court terme

Vous avez formulé vos objectifs à long terme de manière claire et précise sur le papier. Maintenant, il faut que les actes suivent. Commencez par intégrer plus d'exercice physique dans votre quotidien. Mais même cela est plus facile à dire qu'à faire. Vous avez en effet vos habitudes, vos obligations et vos tâches quotidiennes. Votre quotidien est plein de votre vie précédente, or pour quelque chose de nouveau, il faut libérer de la place. Rien que cela demande du temps et de la concen-

> À n'en pas douter, le petit diable est à l'œuvre – éliminez-le avec la technique du stop !

tration. Aussi, ne choisissez pas pour commencer une discipline sportive qui demande des investissements supplémentaires avant même de commencer à brûler des calories.

Le petit diable serait par exemple capable de vous empêcher d'aller tous les jours à la piscine, parce que cela coûte trop de temps et de stress pour s'y rendre, se déshabiller, etc. Pendant tout ce temps, le petit diable pourrait vous submerger d'arguments dissuasifs. Comme vous n'avez encore rien à lui opposer, vous perdriez le combat et vous laisseriez vite tomber votre séance de natation. C'est pourquoi il est, dans un premier temps, beaucoup plus judicieux de chercher

La qualité prime sur la quantité

En promenade, adoptez un rythme assez rapide, tout en veillant à ne pas vous surmener. Autrement, vous ne feriez que donner raison à votre conditionnement négatif. Pour que les cellules musculaires des mitochondries puissent brûler le glucose, vous avez besoin – comme pour un feu normal – d'oxygène. Si vous avez le souffle court, les cellules en manqueront. C'est pourquoi il ne faut pas vous dépenser de manière trop intense : la clé du succès réside dans une pratique fréquente et régulière.

une activité que vous pouvez pratiquer à tout moment, sans trop de préparation.

L'idéal, c'est une petite promenade. Vous n'avez pour cela qu'à enfiler une paire de bonnes chaussures. Vous pouvez vous promener à n'importe quelle heure de la journée, que ce soit durant la pause déjeuner, à la sortie du bureau ou pendant que les enfants sont à l'école. Vous pouvez faire le tour du pâté de maisons, vous balader dans les champs ou traverser le parc municipal. Les possibilités sont infinies.

Objectif à court terme

Vous êtes encore conditionné par l'idée que l'exercice physique rime forcément avec sueur et transpiration, et qu'il ne procure aucun plaisir. Aussi, devrez-vous absolument vous en tenir à l'indicateur « Refus de toute forme de surmenage physique » (voir page 57) et focaliser votre attention sur les choses agréables que procure l'exercice physique. Pas besoin de courir un marathon, ni même, dans les quatre premières semaines, de boucler les 30 minutes conseillées par l'Organisation mondiale de la santé (OMS). Une promenade quotidienne de 15 minutes suffit largement. Le mieux est de partir chaque fois à la même heure et d'adopter un rythme assez rapide : vous stimulerez ainsi un grand nombre de cellules musculaires et vous aurez vite acquis l'habitude de vous promener et de faire, par là même, échec au petit diable.

Avant de commencer, vous devriez étudier plus précisément le déroulement de vos journées. À partir de quand pourriez-vous aller vous promener à heure fixe tous les jours ? Vos journées étant certainement très chargées, vous devrez vous défaire de l'une de vos anciennes habitudes. Quelles sont celles que vous pouvez facilement ou moins facilement abandonner ?

Lorsque vous aurez trouvé une heure convenable, fixez très précisément votre objectif à court terme et la récompense que vous vous octroierez lorsque vous l'aurez atteint. Voici à peu près comment cela pourrait se présenter :

> Au cours des quatre prochaines semaines, le matin, du (date) au (date), aller chaque jour entre 17 h 30 et 17 h 45 jusqu'à la petite église et revenir.

> Lorsque j'aurai atteint mon objectif, je m'offrirai le CD qui me plaît tant.

Récits

Gabrielle P. : « Je travaille comme secrétaire et je n'avais qu'une envie après le travail, c'était de me reposer. Aussi, lorsque je rentrais à la maison, je me mettais toujours à l'aise et m'allongeais sur le canapé devant la télévision. Aujourd'hui, lorsque je rentre chez moi, j'enfile tout de suite mes baskets et je fais une promenade. Ensuite, je suis nettement plus reposée qu'après une soirée devant la télévision. »

Brigitte L. : « Avec deux enfants en âge scolaire, cela n'a vraiment pas été facile de trouver un moment approprié. J'ai dû apporter des modifications dans ma journée. Aujourd'hui, je fais une promenade le matin à 10 h et je vais faire les courses avec mes enfants en fin d'après-midi, au lieu du matin comme auparavant. »

EXPÉRIENCES

85

Créez les occasions de bouger

Outre la promenade, cherchez deux ou trois possibilités de faire plus d'exercice au quotidien. Ne soyez pas trop ambitieux (attention au principe du tout ou rien), vous devez d'abord modifier vos anciennes habitudes également sur ce point. Vous pouvez plier les genoux pendant que vous vous brossez les dents, entamer chez vous une danse endiablée sur une musique

entraînante à la radio ou aller plus souvent voir vos collègues au lieu de leur téléphoner. Faites à pied certains des petits trajets pour lesquels vous avez l'habitude de prendre la voiture. Le monde est assez vaste pour que chacun ait la place de se promener. Attention toutefois : dans cette phase plus particulièrement, le petit diable est très actif ; il ne veut pas de changements et tout ce qu'il désire, c'est vous empêcher de réaliser vos projets. Heureusement, vous le connaissez bien maintenant, vous avez percé sa tactique à jour : il vous sera donc beaucoup plus facile de le faire taire.

À plusieurs, c'est plus facile

Demandez à vos amis s'ils n'aimeraient pas se joindre à vous pour former un groupe de marche. 75 pour cent des individus ne sont pas satisfaits de leur ligne. Or, la marche donne une belle ligne, réduit l'hypertension ainsi que le taux de cholestérol LDL et renforce le système cardiovasculaire. Des arguments « de poids », qui devraient aussi inciter les gens qui n'ont pas de diabète à faire plus d'exercice. Par ailleurs, on discute bien mieux en marchant qu'en mangeant des petits gâteaux autour d'un café, car on est plus réceptif aux multiples sollicitations qui s'offrent à nous lorsqu'on sort enfin de ses quatre murs.

Bilan après quatre semaines

Vous vous êtes donné un délai de quatre semaines pour atteindre votre objectif à court terme et vous vous êtes fixé une date précise. Vous l'avez peut-être même notée sur votre calendrier. Aussi, utilisez cette journée pour faire un petit bilan : suis-je parvenu à marcher 15 minutes d'un bon pas chaque jour ? Suis-je parvenu à exploiter les occasions que j'avais choisies pour faire plus d'exercice ?

Objectif atteint = récompense

Lorsque vous avez atteint vos objectifs à court terme, vous devez penser à votre récompense et vous l'offrir le jour même ou au plus tard le lendemain !

Les retours positifs et la reconnaissance doivent intervenir sans délai, autrement il est très difficile pour l'inconscient d'établir un lien entre la performance accomplie et la récompense. Le fait de se récompenser pour les performances accomplies est non seulement un plaisir, car on est certain que la récompense sera appréciée, c'est aussi le secret de ceux qui réussissent. Cette action ouvre la voie vers le pays imaginaire des rêves, elle montre à l'intéressé qu'il a su transporter une nouvelle noisette, autrement dit, qu'il s'est ouvert de nouveaux horizons et qu'il peut continuer d'évoluer.

À chaque problème sa solution

Vous avez réussi à vous mettre à la marche, mais vous avez laissé tomber votre promenade plus d'une fois et vous n'avez pas mis à profit les occasions de faire plus d'exercice dans la journée. Trop souvent le petit diable vous en a empêché en vous donnant toute une série de raisons pour lesquelles il valait bien mieux reporter votre projet au lendemain.

Ne pas renoncer

L'important, c'est de ne pas renoncer et de ne pas se résigner. À votre incapacité à vous imposer devant le petit diable, il y a toujours une explication. Peut-être n'avez-vous pas choisi le bon moment pour faire votre promenade ou avez-vous choisi des situations trop difficiles pour faire plus d'exercice ou peut-être encore avez-vous

tout simplement été trop ambitieux. Réfléchissez calmement aux changements que vous pouvez opérer. Un autre moment serait-il plus propice ? Le choix d'une situation moins compliquée et la répétition quotidienne pourraient peut-être vous apporter plus de succès. Exemple : si vous prenez normalement l'ascenseur pour rejoindre votre bureau, montez lentement un étage par l'escalier le matin et descendez deux étages par le même escalier le soir. Pour tous les autres étages, continuez de prendre l'ascenseur. Poursuivez de la sorte sur deux semaines.

Il est bon de s'auto-complimenter

Dans nos cultures, on apprend dès l'enfance à ne pas se complimenter soi-même de ses performances. Aussi, sommes-nous tributaires des compliments et de la reconnaissance des autres. Malheureusement, celle-ci est très rare et si l'on ne se félicite pas soi-même – même discrètement – personne ne le fait pour nous. Des recherches ont montré que les individus fiers de leurs réalisations peuvent s'auto-féliciter et surtout s'auto-récompenser, et qu'ils sont en meilleure santé psychique, plus heureux et plus efficaces.

IMPORTANT !

87

Attention : ne vous demandez surtout pas si c'est bien ce que vous devez faire. Dès que le petit diable surgit avec ses objections et ses prétextes, renvoyez-le dans ses pénates. La voix intérieure « énergique » est très utile dans ce cas, car elle est capable de faire comprendre au petit diable qu'il doit se taire, parce que vous allez mettre en œuvre votre projet et que vous n'allez pas l'écouter. La technique du stop est également très efficace. Dans tous les cas, ne commettez jamais l'erreur grossière de discuter trop longtemps avec le petit diable dans des situations de ce type. Vous perdriez. Éliminez-le sans autre forme de procès : vous gagnerez.

Tentez un nouvel essai. Faites votre promenade quotidienne à un autre moment et essayez de prendre de nouvelles habitudes qui vous permettront de faire plus d'exercice dans la journée. Fixez-vous comme objectif de tenir deux semaines. Le dernier jour, vous pourrez vous offrir votre récompense, comme indiqué sous le paragraphe « Objectif atteint = récompense ».

Soyez fier de vous lorsque vous aurez atteint votre premier objectif. Savourez votre réussite et réjouissez-vous de voir progressivement évoluer la perception de votre corps.

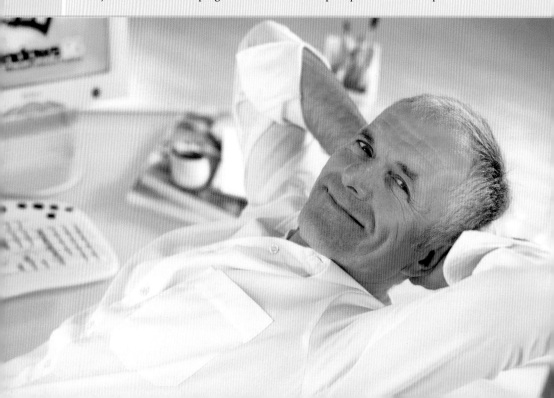

Astuces utiles pour se dépenser davantage au quotidien

Dans notre inconscient sont stockées huit à dix fois plus d'expériences que dans la conscience : une réalité que le petit diable sait exploiter avec tous ses arguments dissuasifs. Pour que ce que vous apprenez ait un effet positif et vous convainque que vous atteindrez vos objectifs, il est par conséquent indispensable de multiplier les expériences positives dans votre vie. Chercher à se dérober ne fait que générer du stress et donner mauvaise conscience. Aussi, n'essayez plus de vous défiler et commencez à marcher tout de suite, sans réfléchir trop longtemps. Choisissez un rythme qui vous soit agréable et laissez vos bras ballants. Vous allez engranger plein d'expériences positives. Essayez de les garder en mémoire pour les réactiver le jour suivant. Vous aurez ainsi chaque jour de moins en moins de mal à vous mettre en route.

L'astuce de Barbara

J'ai parfaitement réussi à contrôler mon « petit diable intérieur ». Pour cela, je me demande toujours quelle bonne raison il y a de ne pas faire telle ou telle chose tout de suite. La plupart du temps, la seule idée qui me vient à l'esprit, c'est tout simplement que je n'ai pas envie. Et comme je sais que je n'en aurai pas envie non plus le lendemain, je préfère le faire de suite. J'en suis ainsi débarrassée et je suis très fière de moi. Cette astuce a été bénéfique non seulement pour ma santé, mais pour toute ma vie, car je ne repousse plus les choses à plus tard et j'ai moins de stress.

La spontanéité est la clef du succès

Les gens spontanés ont souvent plus de facilité à agir sans beaucoup de préparation. Si vous faites partie de ces individus, sachez exploiter cette qualité. La journée est entrecoupée de moments de pause plus ou moins longs, que vous pouvez utiliser pour une petite promenade. Pour vous mettre en route, votre spontanéité ne peut que vous aider, car il est totalement inutile dans une telle situation de penser aux conséquences. Des conséquences de toute façon positives, à condition de revenir à temps et de ne pas oublier votre parapluie.

Le temps n'est pas un problème

Les pantouflards prétextent souvent qu'ils n'ont pas assez temps pour se bouger davantage. Une affirmation que contredisent les chiffres de plusieurs enquêtes. Le temps existe, mais il est mal utilisé. Ainsi, 74 % des individus restent assis chaque jour devant la télévision et 46 % cherchent à se détendre dans leur canapé, au lieu de se faire vraiment du bien avec une petite promenade ou même un petit tour sur le vélo d'appartement.

Mes objectifs à moyen terme

Selon l'avis des experts et les recommandations de l'OMS, il est largement suffisant pour rester en bonne santé de faire 30 minutes d'exercice physique par jour. Vous pouvez bien sûr en faire un peu plus avec profit.

Comme objectif à court terme, vous pouvez vous proposer de passer de 15 à 30 minutes de marche rapide. Vous avez déjà trouvé le moment approprié et pris l'habitude de marcher : l'essentiel est donc déjà acquis, il ne vous reste plus qu'à reformuler votre objectif. Pour rester sur l'exemple de l'objectif à court terme, le libellé pourrait être le suivant :

> À partir d'aujourd'hui (date) et pendant trois mois jusqu'au (date), j'irai tous les jours, entre 17 h 30 et 18 h, jusqu'à la place du village en passant par la chapelle et je reviendrai par le chemin forestier.

> Lorsque j'aurai atteint mon objectif, je m'offrirai un concert au jour dit.

Le verre à moitié vide ou à moitié plein ?

Si l'on peut modifier beaucoup de choses dans la vie, il en est pour lesquelles c'est impossible : on doit par exemple travailler pour gagner sa vie. Si l'on veut avoir une longue vie, il faut se résoudre à vieillir. Pour avoir et conserver une glycémie correcte, il faut faire régulièrement de l'exercice d'endurance. Il n'existe aucune autre alternative, aucun médicament ni appareil qui permette de changer ces faits immuables. Ce que l'on peut changer toutefois, c'est notre posture, nos attentes et notre comportement face à ces faits.

Chacun est l'artisan de son succès

Ce qui est vrai dans tous les compartiments de la vie l'est aussi pour la promenade. Ce que l'on attend finit par arriver, car chacun de nous ne perçoit que ce à quoi il est réceptif.

Si vous faites par exemple attention à chaque pas en marchant et comptez chaque minute qui passe, la promenade vous semblera interminable, pénible. Elle sera alors exactement « comme vous l'aviez prédit » : ennuyeuse, fatigante et associée à des sentiments négatifs. De nouveau, vos programmes d'apprentissage stockeront l'information suivante : marcher est négatif et donc à éviter. Et le petit diable vous donnera les arguments requis pour régler le conflit entre raison et conditionnement, de sorte à ne pas avoir mauvaise conscience, tout en agissant contre ce que vous dicte la raison. Vous repoussez la promenade aux calendes grecques.

Prédisez-vous quelque chose de bien

Tout est totalement différent pour la prophétie positive, « celle qui se réalise parce

Seul ou avec des amis, en ville ou dans la nature – une petite promenade permet d'évacuer tout le stress de la journée.

qu'on y croit ». Elle est bien plus belle et plus plaisante pour maintes raisons : vous concentrez votre attention sur les choses agréables de la vie, sur les bienfaits de renouer avec l'exercice physique et de sortir de votre léthargie ; vous remarquez comme les tensions de la journée glissent sur vous et comme la colère et le stress sont tout simplement évacués ; vous sentez comme votre esprit se libère, comme vos pensées peuvent vagabonder et comme les solutions aux problèmes vous viennent tout naturellement ; vous sortez enfin des quatre murs de votre maison ou de votre bureau, vous voyez en chemin d'autres choses que celles que vous avez l'habitude de voir toute la journée, et vous laissez « vagabonder » vos idées sur tout cela ; vous avez du temps pour vous, une demi-heure par jour pendant laquelle personne ne vous dérange, une demi-heure entièrement consacrée à vous-même et à votre santé.

Outre l'effet bienfaisant de la marche, vous éprouvez la sensation satisfaisante résultant de la prise de conscience de diverses choses en vous disant : je sens que me promener me fait du bien et que je suis de plus en plus alerte et en forme, mais aussi que mon corps peut à nouveau fonctionner correctement. Mon taux de glycémie baisse, ma tension et mon cholestérol s'améliorent et ma ligne s'affine à chaque promenade. Je recommence à avoir plus de muscles et je parviens enfin – lentement, mais sûrement – à me rapprocher de mon poids idéal.

Le système en dix points

Pour renforcer les effets bénéfiques de l'exercice physique, il vous faut également bouger un peu plus qu'à l'accoutumée dans les situations courantes de la vie quotidienne. Exploitez à cet effet toutes les circonstances qui se présentent. En faisant attention au cours de la journée, vous devriez découvrir d'innombrables possibilités de faire un peu plus de sport.

À cet effet, le système en dix points est très pratique. Adopté par un grand nombre d'adeptes enthousiastes, il a été conçu par un diabétique. Un jour, cette personne a fini par trouver qu'il était trop difficile d'évaluer à la fin de la semaine si elle s'était effectivement plus dépensée physi-quement au cours de la semaine, et elle eut l'idée suivante : à chaque fois qu'elle avait marché au lieu de prendre sa voiture, pris l'escalier au lieu de l'ascenseur ou s'était levée pour faire de l'exercice, elle s'était accordé un point en récompense. La fina-lité de ce système est d'atteindre les dix points à la fin de la semaine. Lorsqu'on atteint l'objectif, on a droit à une petite récompense. Les dix points ne constituent bien évidemment pas un seuil à ne pas dépasser. Si vous avez plus d'occasions, exploitez-les. Elles vous seront certaine-ment d'un grand profit. Ce système est vraiment génial, car il est à la fois pratique, avantageux et structurant. Par ailleurs, il stimule l'ambition et fait que l'on se concentre sur ce que l'on a accompli et non plus toujours uniquement sur ce qu'il reste encore à faire.

Faites vos courses à bicyclette pour marquer des points.

Le petit diable à l'affût

Avec le temps, vous vous êtes habitué à vous promener tous les jours et vous vous réjouissez de tous les retours positifs que vous envoie votre corps. Vous constatez que vous parvenez bien mieux à gérer le stress et que vous êtes plus équilibré. Votre glycémie, elle aussi, ne cesse de s'amélio-rer. Vous parvenez à réunir chaque semaine vos 10 points sans problème. Parfois, vous parvenez même à dépasser ce score.

Vous vous sentez en sécurité, car vous pen-sez être parvenu définitivement à vous rendre maître du petit diable. Pourtant, loin s'en faut. C'est justement ce moment qu'il a attendu pour tourner votre succès à son avantage : il vous souffle des arguments du type « aujourd'hui, je peux sans problème me passer de promenade, car j'ai tellement marché hier » ou « on ne peut pas être discipliné tous les jours. Je peux bien m'accorder un jour de repos ». Avec de tels arguments, il vous entraîne à nouveau vers le canapé : il en arrive là où il souhaitait parvenir depuis toujours.

Se fixer les bons objectifs

Les gens poursuivent tous un but particulier avec leurs actions, mais ils ne savent plus formuler avec précision leurs souhaits et leurs objectifs. Ceux-ci restent vagues, très généraux et ouverts. Souvent, ils ne parviennent pas à les atteindre, parce que la voie est longue et que leur endurance diminue. Si vous voulez vous dépenser davantage au quotidien, vous devrez définir des étapes, comme dans le Tour de France. Autrement dit, il vous faut tout d'abord définir très précisément chaque objectif en répondant aux questions suivantes :

1. Quels sont mes objectifs intermédiaires lors de la première étape et des suivantes ?
2. Quand vais-je commencer ?
3. Combien de temps est-ce que je me donne pour atteindre mon objectif ?
4. Comment me récompenser lorsque j'aurai atteint mon but ?

Les réponses devront être courtes, concrètes, précises et réalistes. Voici à titre d'exemple quelques suggestions :

1. Je vais prendre l'habitude d'aller au travail à pied tous les matins, entre 8 h et 8 h 30.
2. Je commence dès demain matin (date).
3. Dans trois mois, cette habitude fera partie intégrante de mon quotidien.
4. Si j'ai réussi à aller tous les jours au travail à pied de manière automatique avant le (date), sans plus avoir à parlementer avec moi-même, je m'offre, pour me récompenser, une journée dans un salon de beauté et me laisserai pomponner à souhait.

Il est conseillé d'inscrire ces différents objectifs sur une feuille à part, vous aurez ainsi votre objectif final constamment sous les yeux. Vous pouvez ensuite réunir les feuilles correspondant aux différents objectifs dans un classeur pour suivre très précisément tout ce que vous avez déjà accompli.

Celui qui cède a perdu

Dans des situations aussi délicates, si vous ne combattez pas le petit diable de toute votre énergie en appelant à l'aide toutes les voix intérieures secourables et en défendant bec et ongle votre rôle de président dans la conférence des pensées (cf. pp. 62-63), il reprendra le contrôle de la situation. Vous avez toutefois bon espoir de le vaincre en démasquant ses arguments pour ce qu'ils sont : mauvais pour la santé et inhibitifs. La voix intérieure « enthousiaste inconditionnelle » sera d'accord avec vous pour que vous ne vous laissiez pas faire. La voix intérieure « énergique » vous aidera à renvoyer le petit diable dans ses pénates. Mais évitez à tout prix de laisser tomber votre promenade ou de la reporter. Si le petit diable gagne une première fois, il devient incroyablement agressif et votre propension à reporter sans arrêt votre promenade augmentera à chacune de ses victoires. Mieux vaut le faire taire immédiatement, en continuant de vous promener très régulièrement. Sinon, il ne vous laissera jamais tranquille, demain, après-demain, dans une semaine, etc. Si vous continuez de manière conséquente et bornée à faire votre promenade, vous l'entendrez de moins en moins d'une fois sur l'autre. Même le petit diable le plus obtus finira par reconnaître qu'il n'a aucune chance de vous empêcher de faire ce que voulez réellement : atteindre votre objectif et ne pas renoncer une nouvelle fois à mi-chemin.

Le début de la thérapie

Vous avez enfin réussi. En parvenant à faire votre promenade très régulièrement pendant trois mois et en savourant votre récompense à la date butoir, vous avez relevé un grand défi. Vous êtes sorti de la sédentarité et avez fini par retrouver votre vivacité. Vous avez pris l'initiative et avez réussi à prendre votre vie et votre santé en mains. Vous avez gagné de nombreux combats contre le petit diable et vous êtes aujourd'hui plus confiant, plus vif et plus en forme.

Pour la marche, pas besoin d'équipement spécial : vous pouvez vous mettre en route partout et à tout moment.

Si les rituels et les habitudes nous facilitent la vie et maintiennent le petit diable à bonne distance, ils finissent toutefois par devenir ennuyeux et font que l'on souhaite alors plus de variété et de mouvement. C'est ce que proposent les sports d'endurance, qui peuvent d'ailleurs renforcer les effets positifs de la marche sur la santé.

Les six mois suivants

Vous connaissez maintenant le principe : avant de commencer, vous devez vous fixer pour les six prochains mois un objectif concret, clair et réaliste.

Si vous continuez à faire 30 minutes de marche par jour et à suivre le système en dix points chaque semaine, vous pourrez déjà être tranquille au niveau glycémie, forme et santé. Vous pouvez donc faire simple et garder les mêmes objectifs pendant les six mois qui suivent. Il n'est pas nécessaire d'en faire plus.

Plus de variété stimule

Vous pouvez au contraire faire partie des gens qui veulent plus qu'une rituelle promenade quotidienne et souhaiter une activité plus exigeante. Vous devrez alors trouver pour votre nouvel objectif une discipline d'endurance, dont vous pensez retirer joie et plaisir. Tous les sports aérobies sont recommandés. Dans ce type de disciplines, les cellules musculaires reçoivent beaucoup d'oxygène (aerob en grec) et peuvent donc brûler beaucoup de glucose et de graisses dans les mitochondries. Les activités anaérobies privilégient, pour leur part, la force pure et les mouvements rapides de courte durée. Ces activités présentent par ailleurs le risque de déclencher une production massive d'acide lactique dans les muscles, avec pour conséquence l'apparition de crampes sévères.

95

Parmi les sports aérobies favorables dans votre cas, on peut citer :

> Marche rapide ou marche nordique
> Jogging
> Roller
> Randonnée
> Aviron
> Cyclisme
> Natation
> Gymnastique
> Aérobics
> Danse
> Ski nordique et ski de randonnée

Les prétextes agissent comme un frein

Chaque discipline sportive exige un investissement initial assez important, avant qu'il soit possible de pratiquer réellement. Il faut la tenue et l'équipement appropriés. Pour certains sports, il faut adhérer à un club ou à une association sportive. Pour certaines activités, il est nécessaire de prendre le bus ou la voiture pour se rendre sur le lieu où elles sont pratiquées. Chaque prétexte fournit au petit diable quantité d'arguments pour vous démontrer pourquoi il faudrait laisser tomber les activités commencées ou les reporter à la semaine suivante.

L'absence de véritable désir ne mène à rien

Si vous choisissez une activité sportive qui ne vous procure aucun plaisir, le petit diable a la partie particulièrement facile. Personne ne penserait à enfoncer ses doigts dans une prise électrique, car le lien entre cette action et le contrecoup négatif qu'elle provoque instamment est profondément ancré dans notre mémoire. Pourtant, comme les contrecoups résultant d'une activité sportive qui ne vous apporte aucun plaisir ne sont pas aussi forts, vos réactions dans ce cas ne sont pas aussi claires. Toutefois, l'effet reste le même : vous n'avez aucune envie de vous forcer de vous-même à faire une chose que vous savez ne vous apporter aucun plaisir. Sans pression extérieure, vous agissez comme la majorité des individus : vous réglez le conflit entre la raison et le désir d'éviter une situation délicate, en appliquant une stratégie éprouvée, à savoir vous reporter l'activité sportive à un demain qui ne viendra jamais.

Succès

Les dieux n'ont pas associé le succès à la sueur mais à l'escargot. Pour atteindre des objectifs à long terme, on a en effet besoin de temps, d'une bonne stratégie et d'objectifs intermédiaires réalistes. Autrement, on peut attendre longtemps avant de pouvoir se réjouir du succès final.

Le sport dans le plaisir et non dans le stress

Vous n'avez aucune obligation ni nécessité de courir ce risque. Contrairement à la moyenne de la population en effet, vous avez réussi à intégrer suffisamment d'exercice physique dans votre vie quotidienne avec une promenade par jour et le système en dix points. Pour vous, le sport n'est plus une nécessité, mais une agréable distraction, une activité complémentaire destinée avant tout à vous faire plaisir. Elle doit vous permettre de vous mesurer à vous-même et d'évaluer vos forces et vos faiblesses. C'est pourquoi vous pouvez tranquillement décider de l'activité sportive que vous souhaitez réellement pratiquer. Si vous vous trompez, ce n'est pas vraiment très grave. Vous pouvez à tout moment la laisser tomber pour en commencer une autre. Au niveau de forme élevé que vous avez déjà atteint, une seule chose compte : prendre encore plus de plaisir à cette activité complémentaire et tester vos limites.

Esprit collectif ou individualiste

Les disciplines aérobies ont toutes l'avantage de pouvoir être pratiquées avec d'autres gens. Elles sont l'occasion rêvée de rencontrer des compagnons d'infortune et de communiquer avec eux. Le fait de se réunir régulièrement avec un groupe sympathique permet, en outre, de respecter plus facilement les contraintes horaires, car on ne se réjouit pas seulement de pratiquer un sport ensemble, mais aussi de revoir ses partenaires ou adversaires. De nombreuses amitiés naissent dans les associations sportives et les activités en commun amènent souvent ses membres à former des communautés intimement soudées. Pour les individualistes, qui veulent gérer leur temps sans avoir à tenir compte des autres et qui ne veulent pas être tributaires des obligations du groupe, les disciplines aérobies leur conviennent également. Contrairement aux disciplines anaérobies, comme le football ou les arts martiaux, on ne dépend pas d'une équipe, avec laquelle l'on doit s'entraîner. Chacun peut pratiquer la marche, le jogging ou le cyclisme seul de son côté, à son rythme et au moment qui lui convient le mieux.

> Choisissez une activité sportive qui vous procure du plaisir.

L'important, c'est de maintenir un équilibre

Que vous souhaitiez ou non pratiquer régulièrement un sport d'endurance pour rompre la monotonie du quotidien et vous dépenser plus, vous devrez, pour atteindre votre objectif, observer la règle suivante :

> Continuer à faire 30 minutes de marche chaque jour et suivre le système en dix points chaque semaine durant les six mois à venir.

Si vous désirez pratiquer un sport d'endurance, remplacez la marche deux fois par semaine par cette discipline. Si, pour un motif quelconque, vous ne pouvez pas faire de sport l'un ou l'autre jour, laissez tomber l'endurance et faites à la place

IMPORTANT !

Le canapé n'est pas une alternative valable

> Règle n° 1 : promenade et système en dix points constituent le programme minimum.
> Règle n° 2 : pour rompre la monotonie, vous pouvez remplacer la promenade une à deux fois par une activité sportive.
> Règle n° 3 : lorsque la règle n° 2 ne s'applique pas, c'est automatiquement la règle n° 1 qui s'applique.

votre promenade quotidienne. L'avantage de ce système est le suivant : tant que vous maintenez votre programme de base, auquel vous vous êtes déjà habitué, chaque jour de sport n'est pas une obligation pour votre santé, mais seulement un plus, au demeurant très profitable.

Tout est question de dosage

Une fois votre objectif à moyen terme atteint, vous devez voir si vous voulez pratiquer ou non un sport d'endurance en complément ou si cela vous paraît encore prématuré. Dans ce dernier cas, vous n'avez qu'à transposer les objectifs des trois derniers mois sur les six mois suivants et continuer assidûment votre promenade quotidienne et le système en dix points. Passez à la vitesse supérieure si l'occasion se présente, lors d'une randonnée à bicyclette avec des amis, par exemple. Vous pouvez aussi proposer à des amis d'aller ensemble de temps en temps à la piscine. Toute forme d'exercice physique qui vous procure du plaisir peut vous servir. Avec chaque retour positif, en effet, vous réapprendrez peu à peu combien le fait de pratiquer l'endurance peut être bénéfique et agréable.

Mieux vaut un peu plus que moins

Si vous souhaitez au contraire commencer un sport d'endurance, vous devrez vous fixer de nouveaux objectifs auxquels aspirer. En plus de la promenade et du système en dix points, votre objectif à court terme pourrait être défini comme suit :

1. Je vais me trouver un sport d'endurance qui me plaise et me procurer le nécessaire pour le pratiquer.
2. Dès lundi prochain, le (date), je commence à m'informer sur les possibilités existantes.
3. Dans quatre semaines, le (date), je me serai décidé et aurai discuté des risques éventuels pour ma santé avec mon médecin traitant.
4. Lorsque j'aurai atteint mon objectif, je m'offrirai en récompense un beau livre traitant de cette activité sportive.

L'objectif découlant du précédent pourrait être formulé comme suit :

1. Dans les deux semaines qui suivent, du (date) au (date), je me serai procuré l'équipement nécessaire et je me serai (si nécessaire) inscrit dans un groupe.
2. Dès que j'aurai atteint mon objectif, je m'offrirai un bouquet de fleurs pour me récompenser.

L'objectif à moyen terme découlant à son tour du précédent pourrait être le suivant :

1. Après ces deux semaines, à partir du (date), je remplacerai ma promenade du lundi et du jeudi par 30 minutes de vélo, de marche rapide ou de marche nordique (indiquer la discipline de votre choix) et je me rendrai à cet effet à 15 h dans le parc municipal ou rejoindrai les autres membres du groupe à 18 h.
2. Je me propose de poursuivre ce programme de manière assidue pendant cinq mois.
3. Lorsque j'aurai atteint mon objectif, je m'offrirai un week-end prolongé au bord de la mer.

Les sports les plus populaires

Suivant les résultats d'une enquête, les sports préférés des individus qui pratiquent une activité sportive sont les suivants : vélo, 60 pour cent, natation et randonnée, 50 pour cent chaque, puis la gymnastique et le jogging, avec 30 pour cent.

CONSEIL

⟫ Les bienfaits du sport

Aucun médicament n'est encore en mesure de remplacer le travail des cellules musculaires. C'est grâce à l'activité de ces milliards de minuscules entités que l'on peut bouger à tout moment et longtemps. Elles seules sont capables de convertir, à l'aide de l'oxygène, l'énergie des aliments en énergie musculaire. Et plus on sollicite de cellules musculaires, plus elles doivent être nombreuses à brûler des quantités énormes de glucose et de graisse pour fabriquer de l'énergie. Un processus qui se traduit par un grand nombre de conséquences positives sur l'organisme.

Le rééquilibrage des programmes biologiques

❯ La résistance à l'insuline est renforcée
Les cellules devant brûler à nouveau du glucose, elles acceptent volontiers ce combustible et ouvrent à nouveau leurs portes.

❯ La glycémie se stabilise
Le glucose est converti en énergie musculaire et ne reste donc pas inutilisé dans le sang.

❯ L'hyperinsulinémie (trop-plein d'insuline) est réduite
Les cellules musculaires assimilant de nouveau plus facilement le glucose, les cellules bêta du pancréas n'ont plus à produire davantage d'insuline que nécessaire. Des études ont montré que la réduction des besoins en insuline pouvait atteindre jusqu'à 30 pour cent.

❯ La dégradation des lipides n'est plus bloquée par l'insuline
Les taux d'insuline baissant à nouveau, cette dernière n'empêche plus la lipolyse, car les graisses (lipides) sont alors utilisées pour la production d'énergie musculaire.

❯ Le métabolisme lipidique s'améliore
Les taux de triglycérides (graisses neutres) et de « mauvais » cholestérol LDL baissent et le taux de « bon » cholestérol HDL augmente, car les graisses sont à nouveau brûlées.

❯ L'hypertension se stabilise
On assiste à une baisse de tension, parce que les artères se dilatent à nouveau, permettent ainsi au sang de mieux circuler. Cette baisse continue d'être observée même au repos.

> ### Le cœur est soulagé

La baisse de tension artérielle et de fréquence cardiaque réduit le travail que le cœur doit fournir.

> ### L'oxygène aide le corps et l'esprit à rester jeunes

Les cellules musculaires ayant besoin de plus d'oxygène, le débit cardiaque augmente. L'organisme est mieux alimenté en oxygène, jusque dans ses plus petites cellules. C'est un véritable bain de jouvence pour le corps et l'esprit.

> ### Augmentation du métabolisme

Le corps consomme plus de calories, non seulement pendant l'exercice physique, mais aussi au repos et même durant le sommeil.

> ### La digestion est activée

L'exercice ne redonne pas uniquement la mobilité au corps, il stimule de manière délicate mais efficace un intestin paresseux. Les problèmes digestifs s'améliorent, l'activité péristaltique est stimulée, les ballonnements et les flatulences laissent la place à une sensation de bien-être.

> ### Le stress cède le pas à l'équilibre

L'exercice est le meilleur remède contre le stress. Ce dernier déclenche toute une série de réactions qui maintiennent l'organisme en l'alerte pour l'attaque ou la fuite. L'énergie ainsi mise à disposition est convertie en actes par l'exercice et n'est de ce fait plus « refoulée ».

> ### Les tensions s'apaisent, les articulations se raffermissent

Les muscles ne sont plus les seuls à être sollicités. Des mouvements lents des articulations favorisent leur irrigation et raffermissent les ligaments.

> ### La bonne humeur revient

Le cerveau libère de la sérotonine, de l'endorphine et de la dopamine. Ces neurotransmetteurs sont responsables de la lutte contre la mauvaise humeur et le stress dans l'aire du cerveau affectée à la sensibilité. Le processus fonctionne si bien que l'exercice est même prescrit comme thérapie contre les dépressions.

Remède contre l'artériosclérose

L'activité physique basée sur l'endurance permet de réduire tous les facteurs de risque influençables de l'artériosclérose (l'occlusion artérielle par les dépôts et plaques de graisses) et ainsi de réduire de manière spectaculaire le risque latent d'accident vasculaire cérébral ou d'infarctus du myocarde, d'insuffisance rénale ou d'amputation.

La marche nordique

Le fait que le ski de fond est l'un des sports d'endurance les plus efficaces est connu depuis longtemps, tout comme le fait qu'il n'y a souvent pas assez de neige pour le pratiquer. Comme les Finlandais passionnés par ce sport ne voulaient pas s'en priver, même en été, ils ont inventé une nouvelle discipline sportive. Présenté pour la première fois en 1997, le « nordic walking » est du ski de fond sans skis. Alors que cette discipline est devenue en peu de temps un phénomène de masse en Scandinavie, peu de gens ont osé marcher au début avec des bâtons dans les autres pays européens. Il en est tout autrement aujourd'hui. La marche nordique a conquis même les plus timides et l'engouement est très fort un peu partout.

Montée générale en régime

Dans aucun autre sport d'endurance que la marche nordique autant de cellules musculaires doivent en même temps produire autant d'énergie. Si dans le cyclisme seulement 35 % des muscles sont sollicités, et 70 % même dans le jogging, ce pourcentage atteint le chiffre incroyable de 90 % pour la marche nordique. Autrement dit, 90 % des cellules musculaires brûlent dans leurs chaudières du glucose et des graisses grâce à l'oxygène. Et plus vous vous entraînez, plus il se crée de cellules musculaires, qui, elles aussi, brûlent consciencieusement leur combustible. Il n'est guère une cellule musculaire qui puisse encore se vexer et se permettre de maintenir ses petites portes fermées au glucose. Chacune se réjouit lorsque l'insuline s'annonce et y dépose du glucose, afin d'avoir des réserves pour son foyer. Résultat : l'insulinorésistance augmente et le taux de glycémie baisse. Les graisses peuvent enfin, elles aussi, entrer en scène ; les taux de triglycérides ainsi que de cholestérol LDL baissent. Les kilos superflus fondent comme neige au soleil.

Un certificat médical avant de s'élancer sur la piste

Avant de vous lancer dans la marche nordique, faites faire un bilan complet chez votre médecin. Votre but n'est en effet pas de prendre des risques, mais de faire baisser votre glycémie, de retrouver la bonne humeur et de mieux gérer le stress. Vous pouvez discuter de votre prescription avec votre médecin et, notamment, déterminer si celle-ci doit être adaptée. Vous pouvez aussi passer un ECG d'effort pour déterminer votre plage d'entraînement optimale, de sorte à ne pas vous éreinter et bien renforcer votre système cardiovasculaire.

Les diabétiques doivent prendre particulièrement soin de leurs pieds

L'une des complications du diabète concerne les troubles neuropathiques résultant d'une « hyperglycémie » des cellules nerveuses et elle se manifeste surtout au niveau des pieds. Cette dernière peut provenir d'une modification de la musculature, de la position du pied ou d'une sollicitation excessive de certains points du pied, qui provoquent crevasses, contusions et callosités. Les blessures passent souvent inaperçues et ne guérissent pas vraiment, car les pieds du diabétique sont souvent mal irrigués et la protection naturelle de la peau ainsi que le système immunitaire sont également atteints. Les diabétiques doivent donc prendre particulièrement soin de leurs pieds et choisir des chaussures appropriées.

Les bonnes chaussures

Quelques diabétiques seulement ont besoin de chaussures spéciales pour leurs pieds. Pour protéger les pieds des sollicitations excessives, des callosités et des contusions, il suffit le plus souvent de choisir des chaussures confortables avec une bonne assise, ainsi qu'un support plantaire réalisé par un bottier-orthopédiste. Si vous êtes concerné, parlez-en à votre médecin, il vous dirigera si besoin vers un spécialiste et vous fera faire tous les examens nécessaires.

Signaux précurseurs à ne négliger sous aucun prétexte

> **Troubles neuropathiques** : la peau des pieds est rosée, chaude, sèche, crevassée, se racornit rapidement et présente des contusions ou des callosités.
> **Troubles de l'irrigation** : la peau est fine, parcheminée, pâle, les pieds sont froids et secs, les plaies et les blessures guérissent difficilement.
> **Déformations du pied** : les pieds ont tendance à s'élargir et présenter un « oignon » (Hallux valgus).
> **Modification de la sensibilité** : sensation d'engourdissement et de paresthésie dans les pieds ou de douleurs dans les jambes.

Le b. A. ba en matière de diabète : soins des pieds

> Examinez vos pieds très attentivement tous les jours ; le recours à un miroir peut s'avérer très utile.
> Lavez puis enduisez à chaque fois vos pieds de crème.
> Veillez à ce qu'il ne reste aucune trace d'humidité ni de crème entre les orteils ; vous éviterez ainsi que des champignons ou des bactéries ne s'y logent.
> Enlevez régulièrement les formations calleuses avec une pierre ponce.

Pour partir du bon pied

> **Les chaussures de marche** : adressez-vous à un magasin spécialisé où vous serez bien conseillé. Essayez les chaussures dans le magasin : elles doivent être parfaitement adaptées à votre pied, ne pas frotter et dépasser le gros orteil à peu près de la largeur d'un pouce, afin de compenser l'échauffement et le gonflement que provoque la marche rapide.

> **Les bâtons** : lorsque vous achetez des bâtons, vous devez faire attention à leur longueur et veiller à l'ergonomie de l'ensemble poignées-dragonnes. Demandez à voir plusieurs modèles et n'hésitez pas à les essayer.

> **La tenue :** elle doit être légère, aérée et confortable. Le mieux est de choisir des vêtements du type Gore-Tex®, qui conservent le corps au chaud et au sec. Avec une veste coupe-vent imperméable à membrane qui respire, vous serez paré pour affronter les températures les plus basses et toutes les intempéries.

Technique

Pour être sûr d'utiliser la bonne technique, le mieux est de prendre un cours auprès de l'un des nombreux entraîneurs spécialisés. La technique est assez facile à acquérir car elle suit en grande partie la séquence utilisée dans la marche normale. Les pas sont toutefois un peu plus grands et on pose le pied sur l'extérieur du talon, genou légèrement fléchi ; il faut ensuite dérouler le pied sur toute la longueur de la plante et pencher le corps vers l'avant en s'appuyant sur l'éminence du gros orteil et les autres doigts de pied.

Les premiers pas avec des bâtons

Avant de vous élancer, passez chaque dragonne autour du poignet, de sorte à pouvoir manier aisément les bâtons, même lorsque vous ne les tenez pas par la poignée. Prenez une position confortable, genoux légèrement fléchis et buste légèrement penché vers l'avant. Avancez d'abord la jambe gauche et en même temps le bras droit, très légèrement fléchi. Enveloppez délicatement la poignée du bâton et plantez la pointe entre vos pieds.

Déroulez avec le pied droit et appuyez simultanément le bâton vers l'arrière avec le bras droit. La jambe droite et le bras droit se portent alors automatiquement vers l'avant et la séquence précédente se répète à l'inverse.

Chaussures et bâtons pour la marche nordique, misez sur la qualité.

| 1 Position de base | 2 Départ | 3 Déroulé du pied |

Maniement des bâtons

Évitez d'empoigner les bâtons comme si c'était une arme, au risque de contracter la région des épaules et du cou. La dragonne est là pour vous permettre de lâcher la poignée au besoin. Après avoir marqué délicatement l'empreinte de la pointe dans le sol, ouvrez la main droite et envoyez la totalité du bras droit d'un mouvement lâche vers l'avant. Dès que vous avez passé le bras à la hauteur du corps puis balancé vers l'avant, la main enserre à nouveau délicatement la poignée. L'empreinte au sol est laissée presque exclusivement par la pression sur la dragonne et non par celle de la main et de la poignée.

Un temps pour les compliments

Étape après étape, les six mois impartis pour réaliser votre deuxième objectif à moyen terme se sont écoulés. La route a été longue mais cela en valait la peine. Vous avez accompli bien des choses et vous pouvez en toute fierté savourer votre belle (nous l'espérons) récompense. Vous avez ainsi atteint le pays de vos rêves, discrètement mais sûrement. Vous pouvez alors faire une sorte de transposition pour comparer les résultats à moyen terme avec les objectifs que vous vous êtes fixés à long terme (voir page 57).

Qu'avez-vous réussi à faire ? Vous avez appris à vous fixer des objectifs et à les atteindre. Vous avez même réussi à faire taire le petit diable qui sommeille en chacun de nous, ce qui fait que vous êtes dans l'ensemble plus téméraire, plus affirmé et plus dynamique. Mais surtout : vous avez réussi à vous bouger au quotidien.

> Vous avez fait 15 minutes de marche quotidienne pendant un mois.

> Vous avez fait 30 minutes de marche quotidienne et suivi le système en dix points pendant trois mois.

> Vous avez continué ainsi pendant six semaines, vous préparant par là même à l'étape suivante.

> Pendant cinq mois, vous avez consacré chaque jour 30 minutes de votre temps à votre santé, tout en suivant le système en dix points ou en pratiquant en complément un sport d'endurance.

Ce qui fait, si l'on additionne le tout, pratiquement une année complète. Auriez-vous jamais imaginé cela possible ? Ou que l'exercice physique aurait pu un jour vous manquer ?

Le vainqueur, c'est vous

Vous êtes désormais tellement habitué à faire de l'exercice que vous ne voyez presque plus que les aspects positifs et que vous avez depuis longtemps dépassé vos anciens conditionnements négatifs. Plus de méchant petit diable qui tienne à des lieues à la ronde. Vous êtes parvenu en matière de santé dans le pays de vos rêves, un pays où il fait bon vivre. Vous ne manqueriez plus votre marche quotidienne pour rien au monde. Si vous désirez vous fixer de nouveaux objectifs pour les années qui viennent, ils devront tout au plus concerner votre sport d'endurance favori. Concernant la promenade quotidienne et le système en dix points, vous pourrez poursuivre sans problème d'année en année. Vous avez depuis longtemps réussi à « remplacer le besoin par l'envie ».

Errances, malchances et défaillances

« Raconte tes plans à Dieu et il éclatera de rire » assure un dicton. Peut-être êtes-vous de ceux qui n'ont pu réaliser tous leurs objectifs, parce qu'ils en ont été empêchés par des événements extérieurs ou simplement parce que le petit diable qui sommeille en vous a une fois encore frappé de bon cœur. Ne vous laissez en aucun cas décourager et reprenez sans cesse votre programme à base d'exercice physique. Fixez-vous des objectifs moins ambitieux et réduisez les intervalles entre ces derniers. Cela permet souvent de résoudre en grande partie le problème. Une chose demeure essentielle dans tous les cas : faites sans cesse de nouvelles tentatives pour marcher régulièrement. L'expérience vous montrera la pertinence des mots d'Abraham Lincoln lorsqu'il disait : « N'oublie jamais que ta propre détermination à réussir est plus importante que tout le reste ».

Questions de diabétiques sur l'exercice physique

Enfant déjà, j'étais replet et empoté. Aujourd'hui encore,
je suis vite essoufflé et j'aimerais faire quelque chose pour ma santé.
Est-ce raisonnable pour moi de commencer le jogging ?

Vous voulez faire quelque chose pour votre santé et non vous torturer. Faire du jogging avec un organisme non entraîné n'est pas très judicieux parce que vous vous gâchez tout le plaisir que peut procurer l'exercice physique, et vous faites du mal à votre organisme. Pour votre santé et votre bien-être, il est bien plus judicieux de faire tout d'abord régulièrement une promenade et d'augmenter progressivement son rythme et sa longueur. Après quelque temps, vous serez tellement en forme que vous aurez envie de passer à la marche rapide et un jour ou l'autre, vous vous mettrez tout naturellement au jogging.

Je prends des médicaments destinés à augmenter l'insulinorésistance.
Est-ce suffisant ? Dois-je par ailleurs pratiquer de l'exercice physique ?

Les médicaments que vous prenez aident l'insuline à ouvrir les petites portes d'entrée des cellules au glucose pour que ce combustible pénètre dans ces dernières et puisse être transformé en énergie musculaire dans leurs chaudières. Lorsque vous ne faites pas d'exercice, les cellules musculaires ne brûlent pas de glucose – parce que vous n'avez pas besoin d'énergie musculaire – mais remplissent leurs réserves de stockage à ras bord. Au bout d'un moment, même les meilleurs médicaments ne servent plus à grand-chose, parce que les cellules ferment de nouveau leurs petites portes à double tour. Dans ce cas, il n'existe qu'un seul remède : de l'exercice d'endurance de manière régulière pour brûler massivement du glucose. À ce moment seulement, votre prescription se justifie.

À mon âge (66 ans), je suis gêné que l'on me voie marcher si vite
dans le quartier. Que vont penser de moi les gens qui me connaissent ?

Vos amis ne vont rien penser de particulier, parce qu'ils ne vont rien remarquer. Personne ne va faire attention si vous vous promenez vite ou lentement. Le seul que cela semble intéresser, c'est le petit diable qui sommeille en vous et qui vous instille des craintes. Et il a beau jeu, parce que vous n'êtes pas encore habitué à vous déplacer aussi rapidement et que cela vous embarrasse. Un conseil : tant que vous êtes sûr qu'aucune de vos connaissances ne vous voit, marchez rapidement, et lorsque vous rencontrerez des amis, ralentissez. Plus vous vous habituerez à un rythme rapide, plus vous aurez de courage et de confiance en vous.

Bien manger,
l'un des plaisirs de la vie

« Manger raffermit le corps et l'esprit ! » assure la sagesse populaire. Et c'est bien vrai. Manger est l'une des choses les plus importantes et les plus belles de la vie. Un bon repas ragaillardit et met de meilleure humeur. Manger avec des amis est un pur moment de plaisir. Mais ce n'est pas tout : les bonbons au chocolat consolent des peines de coeur, la glace fait office de récompense et un gâteau est toujours le bienvenu. Pour briller en société, il faut vanter les talents des grands chefs et les qualités d'un bon vin. Ceux qui ont vécu dans leur chair la faim pendant et après la Seconde guerre mondiale aiment à manger pour « conjurer les temps difficiles » et font primer la quantité sur la qualité. C'est toujours sans y prêter attention que l'on apprend les diverses fonctions que la nourriture occupe dans la vie, tout comme les bonnes manières à table ou les goûts, et ce, par le conditionnement et l'imitation de modèles. Ces fonctions nous sont ainsi transmises de génération en génération.

Une époque historique

Pouvoir manger tous les jours à sa fin est un vieux rêve de l'humanité. Dans les nations industrialisées, ce rêve s'est accompli et place ainsi pour la première fois de leur histoire les hommes devant un problème auquel ni leurs corps ni leurs programmes d'apprentissage ne sont préparés. Ils doivent apprendre à gérer le superflu et à trouver un juste milieu entre le possible et le raisonnable, car aujourd'hui tout est possible. De plus, l'industrie, le commerce et les chaînes de restauration rapide ont tout intérêt, par une habile publicité, à créer le plus possible de besoins en matière de goûts, et de réaliser par ce biais de juteux chiffres d'affaires. Dans la phase de transition actuelle liée à l'opulence, aux aliments de fabrication industrielle et au matraquage publicitaire, il est devenu difficile de s'y retrouver pour un individu isolé.

Accepter
une nouvelle philosophie

Votre entreprise de santé (cf. p. 29) doit maintenant relever un défi nettement plus complexe que d'intégrer l'exercice physique au quotidien. S'il est aussi difficile de venir à bout de cette montagne de noisettes, c'est que tous les aspects de votre vie sont concernés et que vous devez trouver, quasiment seul, un moyen acceptable de réduire l'offre de glucose aux cellules musculaires, tout en mangeant tout ce qui vous plaît, sans jamais avoir faim, comme il est spécifié dans l'objectif que vous vous étiez fixé (cf. p. 57).

Vous devez trouver un équilibre entre la dégustation, le plaisir et une alimentation qui vous permette de rester en bonne santé, performant et mince. Avec les stratégies éprouvées qui vous sont désormais familières et les connaissances de base dont vous disposez, vous devriez pouvoir gérer efficacement ces noisettes. Vous êtes – contrairement à hier – parfaitement armé pour mener à bien cette partie de votre projet de santé.

La ronde folle des tentations

INFO

Partout, on mange. Celui qui souhaiterait ne rien manger en traversant une ville se sentirait bien vite comme un alcoolique dans un magasin de spiritueux. À chaque pas, nous sommes enveloppés d'odeurs de nourriture et victimes de petits pièges. Impossible d'échapper à la nourriture. Une fête populaire sans stands de restauration n'en serait pas une, et une fête de famille ou d'entreprise sans repas ou buffet serait impensable. Il est alors difficile de résister, même si la raison affirme que trop de calories rendent malades et font grossir.

Changement d'habitudes alimentaires

Pour atteindre les objectifs à long terme de votre projet de santé, vous devez absolument vous dépenser davantage, mais vous avez aussi besoin de la deuxième pièce du puzzle, autrement dit de prendre une nouvelle orientation en changeant d'habitudes alimentaires. Vous pourrez opérer ce changement dès que vous pratiquerez régulièrement vos 15 minutes de marche quotidiennes ou seulement après être passé à 30 minutes. À ce stade en effet, vous aurez acquis une expérience importante sur la manière d'identifier vos désirs, ainsi que de fixer et réaliser vos objectifs. Vous aurez d'autre part remporté vos premiers succès dans la lutte contre le petit diable qui sommeille en vous. Ces expériences et ces succès vous sont absolument nécessaires

pour changer d'habitudes alimentaires. Dans ce contexte, il est par ailleurs extrêmement important, pour éviter un nouveau conditionnement négatif, de respecter les grandes orientations suivantes :

> Rééducation progressive des papilles
> Refus de toute forme de régime, y compris un changement brutal d'habitudes alimentaires.

Dans un premier temps, cela ne sera pas si simple, car vous êtes habitué à raisonner en termes de régime et de tout ou rien, et à croire en secret que vous allez très vite obtenir des résultats. Ce sont des tentatives de séduction typiques du petit diable, auxquelles vous ne devez pas céder. Ce dernier veut que vous échouiez et que vous reveniez à vos anciennes habitudes alimentaires. Faites-lui clairement comprendre que rien n'empêche d'essayer de temps à autre d'autres méthodes.

L'objectif final

À long terme, le changement d'habitudes alimentaires a pour objectif l'adoption d'une alimentation équilibrée basée sur la pyramide alimentaire bien connue (cf. p. 111). Vous aurez atteint l'objectif d'une « alimentation équilibrée et saine », lorsque vous consommerez quotidiennement :

> 55 à 60 % de glucides à chaînes longues (produits aux céréales complètes, fruits, légumes et herbes)

Des modèles qui n'en sont pas

La « bonne cuisine » quotidienne ou les plats tout préparés ne conviennent en fait qu'aux travailleurs de force. Et les mannequins à l'air affamé pour les femmes ou au look jeuniste pour les hommes, avec leur « tablettes de chocolat », ne sauraient être des modèles pour Madame et Monsieur « Tout-le-monde ».

> 30 à 35 % de graisses, essentiellement d'origine végétale ou tirées de poissons

> 10 à 15 % de protéines

> et lorsque vous n'absorberez pas plus de calories que ce dont vous avez besoin.

La calorie est l'unité utilisée pour exprimer l'énergie fournie au corps grâce à l'alimentation.

Vos besoins dépendent de votre poids, de votre âge et de l'intensité avec laquelle vous vous dépensez. Ces critères permettent de calculer le métabolisme de base et le métabolisme total. En règle générale, on a :

Métabolisme de base (MB) = quantité d'énergie dont l'organisme au repos a besoin tous les jours pour le maintien de ses fonctions vitales.

18-30 ans : 14,7 x poids en kg + 496

31-60 ans : 8,7 x poids en kg + 829

Métabolisme total = MB + énergie musculaire ; sa valeur diffère suivant les cas :

> Travail intellectuel : MB x 1,4

> Activité physique modérée : MB x 1,7

> Activité physique intense : MB x 2,0

L'importance du plaisir de manger

Changer d'habitudes alimentaires ne signifie en aucun cas renoncer au plaisir de la nourriture. C'est en fait exactement le contraire : il s'agit d'étoffer la palette de ses plaisirs par des mets variés et raffinés, d'accéder à de nouvelles dimensions gustatives, de se défaire de l'affligeante banalité des exhausteurs de goût clonés, du sucre raffiné et des graisses animales, de redécouvrir combien un pain artisanal est délicieux, de réapprendre la douceur naturelle des poires et des fraises et de s'initier à la grande diversité des herbes et des épices.

Manœuvrer en douceur

Mais cette douce musique n'est encore qu'un rêve. Vos papilles restent conditionnées de sorte que vous n'aimiez pas la plupart des « choses bonnes pour la santé ». Mais vous allez vite leur apprendre par la ruse qu'il peut en être autrement. Commencez par faire doucement sortir les aliments hypercaloriques superflus de votre alimentation. Et ce, de manière à ce que vos papilles ne le remarquent guère, voire pas du tout.

> La pyramide alimentaire.

Prenez les choses par le début

Pour atteindre votre objectif final en matière de changement d'habitudes alimentaires, vous devrez là aussi commencer par le début et non par la fin. Ne vous laissez pas entraîner par le principe du tout ou rien et commencez prudemment. Ce faisant, vous pouvez vous laisser conduire par l'idée de base suivante :

> Toutes les chaînes de glucides courtes (comme le sucre raffiné et la farine blanche) et toutes les graisses d'origine animale qui n'entreront pas dans mon organisme ne pourront pas non plus

Se défausser avec intelligence

Question : à quoi renoncerez-vous en premier pour changer d'habitudes alimentaires ?
> aux glucides (glucose)
> aux graisses
> aux glucides et aux graisses en même temps
> à manger en grandes quantités

Si vous voulez vous défausser avec intelligence et non plus bêtement suivant le principe du tout ou rien, aucune de ces propositions n'est acceptable. Renoncer est négatif et frustrant. Votre programme d'apprentissage le remarquera et appellera le petit diable à la rescousse. Mieux vaut recourir à la technique de l'écureuil.

saturer mes cellules musculaires de combustible.

Pour ne pas céder au principe du tout ou rien, le mieux est de vérifier tout d'abord à quels moments et dans quels plats vous ingérez du sucre raffiné et des graisses animales. Notez tout ce qui vous vient à l'esprit par rapport au repas principal, autrement dit le « déjeuner ». Dans les premiers mois, cette liste vous servira de base pour mettre en œuvre votre changement d'habitudes alimentaires.

D'après les résultats d'études scientifiques, les personnes bien potelées aiment tout particulièrement les aliments grossissants que sont le sucre raffiné et les graisses : votre liste risque donc d'être longue. Ne vous laissez toutefois pas décourager. Vous voulez justement changer cet état de fait et vous êtes en (bonne) voie de venir à bout de cette liste, noisette après noisette, à votre rythme.

Les escargots ne trébuchent jamais

Changez d'alimentation à un rythme d'escargot. À chaque pas que vous entreprenez en effet, il ne s'agit pas seulement de modifier vos habitudes alimentaires pathogènes, mais aussi de gérer d'anciennes expériences cognitives, des conditionnements gustatifs profondément ancrés, des croyances dépassées et des programmes biologiques paresseux. Vous aurez besoin d'au moins un an pour passer à une alimentation saine et équilibrée.

Cela peut à première vue vous paraître long, mais c'est bien peu comparé aux nombreuses années durant lesquelles tous vos efforts sont restés vains ou aux nombreuses années que vous avez encore devant vous, au cours desquelles vous pourrez récolter les fruits de vos efforts actuels.

Mes objectifs à court terme

Continuez de manger ce qui vous plaît à vous ainsi qu'à votre famille et à manger correctement durant les principaux repas pour ne plus avoir faim du tout. Un ancien précepte dit : « pour mincir, il ne faut plus avoir faim ». Si vous êtes rassasié, vous avez en effet moins de risque de grignoter des sucreries, des amuse-gueules ou d'autres aliments qui font grossir.

Pour changer d'habitudes alimentaires, vous pouvez commencer par n'importe quel repas. Mais il vaut mieux toutefois commencer par le déjeuner, car on sait que ce repas est l'occasion d'absorber beaucoup de graisses et de glucides à chaînes courtes. Si vous prenez pour règle de renoncer complètement aux plats tout préparés et de cuisiner vous-même, vous pourrez – sans perte gustative – vous défausser de grandes quantités de sucre et de graisses d'origine animale lors de vos repas. Vous éviterez ainsi, sans vous en rendre compte, bien des calories. Votre première noisette, autrement dit votre premier objectif à court terme pourrait par conséquent ressembler à peu près à ceci :

1. Je vais réduire durablement les graisses d'origine animale et/ou les sucres de six des plats figurant dans ma liste.
2. Je commence demain, le (date).

Glucides et lipides

Notre alimentation est trop grasse, trop sucrée et pas assez diversifiée. Ainsi, la proportion de graisses alimentaires dans la quantité totale d'énergie produite serait passée de 40 à 45 pour cent. Nous mangeons en moyenne environ 50 kg de sucre par an.

113

3. Je veux avoir atteint cet objectif dans trois semaines, le (date).

4. Lorsque j'aurai atteint mon objectif, je m'offrirai le même jour (date) les jolies boucles d'oreilles que j'ai vues hier.

Perfidie, tu as pour nom cuisine

Commencez toujours par les plats dans lesquels votre « supercherie » se remarque le moins. Lorsque vous préparez un dessert, remplacez le sucre blanc par du sucre roux (non raffiné) ou un édulcorant. Et lorsque vous préparez un pot-au-feu ou une potée, remplacez le lard par du petit salé, moins gras.

Vous préparez volontiers des sauces à la crème pour vous et votre famille ? Ce sont les candidates idéales à une cure d'allégement, parce que ce sont de véritables catastrophes pour vos cellules musculaires.

Préparées à partir d'un roux à la farine blanche (chaînes de glucides courtes) ensuite allongées avec un petit pot de fleurette (graisse d'origine animale), elles signent, avec les garnitures, l'arrêt de mort de tout programme biologique. Faites tout simplement disparaître le petit pot de fleurette et ajoutez quelques cuillerées seulement de crème pour « colorer » la sauce juste à la fin, et ne mettez pas le tout à chauffer. L'ensemble sera tout aussi velouté qu'avec la totalité du petit pot de fleurette.

Vous pouvez aussi aisément faire la chasse aux graisses en épongeant systématiquement avec du papier crêpe les viandes ou les poissons après cuisson. Pour les soupes et les potages, faites cuire le bouillon de viandes le jour précédent et laissez refroidir. La graisse flotte et s'agglutine à la surface : vous pouvez ainsi sans risque vous servir du bouillon le jour suivant.

Une noisette après l'autre

Comme avec les pièces d'un puzzle, vous pouvez rayer un à un les objectifs à court terme de votre liste. Peu importe par quels aliments vous commencez et dans quel ordre vous procédez. Vous n'avez ni à vous affamer, ni à renoncer à certaines saveurs ; vous apprenez, sans y prêter attention, à considérer vos anciennes habitudes alimentaires d'un oeil critique et à éliminer ce qui peut l'être.

En vous défaussant de certains aliments, vous soulagez vos programmes biolo-

---

CONSEIL

Défaussez-vous autant que possible

Même si ce ne sont que de petits changements qui semblent n'avoir guère d'impact : avec chaque gramme dont vous vous défaussez, vous vous rapprochez un peu plus de votre objectif. En effet :

> 1 gramme de glucides correspond à 4 calories.
> 1 gramme de lipides correspond à 9 calories.

giques et réduisez la quantité d'énergie alimentaire proposée aux cellules musculaires. Et plus vous vous défaussez, mieux c'est, pour vous comme pour votre taux de glycémie.

Mes objectifs à moyen terme

Après vous être défaussé de tout ce dont il était possible, sans perte de saveur, vous pouvez vous appuyer sur ce succès pour attaquer le grand objectif suivant :

❯ Remplacer tout ce qui peut l'être sans trop perdre au niveau gustatif.

Essayez dès le début de mettre en place de nouvelles habitudes, cela vous aidera à repousser les tentations du petit diable. L'un des objectifs à moyen terme pourrait être formulé ainsi :

1. Pour six plats de ma liste, je veux remplacer de manière durable les graisses d'origine animale et les chaînes de glucides courtes par des alternatives plus bénéfiques à ma santé.

2. Je commence demain, le (date).

3. Je veux avoir atteint cet objectif dans deux mois, le (date).

4. Le jour où j'atteindrai mon objectif, je m'offrirai une séance de shopping pour me récompenser.

Vous pouvez par exemple commencer à remplacer le beurre par des huiles végétales, vos papilles ne s'en offusqueront pas.

Si vous n'arrivez pas à atteindre un objectif

Si vous n'arrivez pas à atteindre un objectif en une seule fois, subdivisez-le en plusieurs petits objectifs à court terme. Vous pouvez tout d'abord remplacer le sucre par un édulcorant, puis les grandes quantités de crème et le beurre par un soupçon de crème en fin de recette, et enfin, renoncer à la farine et à la chapelure.

L'important, c'est de toujours passer à l'étape suivante dès que vous vous êtes habitué à un changement et que vous ne le remarquez plus.

❯ Quelques astuces suffisent pour cuisiner des plats à la fois bons pour la santé et le palais.

Il existe maintes possibilités de rendre la cuisine traditionnelle plus « légère ». Pour ce qui est des légumes souvent préparés avec du beurre ou de la crème et parfois du sucre, vous pouvez complètement abandonner ces ingrédients et utiliser des herbes aromatiques à la place. Ainsi, le persil se marie très bien avec les carottes ou le chou-rave et la sarriette ou l'aneth donnent une saveur intéressante aux haricots verts. On peut aussi délicieusement relever des épinards avec des oignons finement ciselés et une bonne dose de noix de muscade.

Beaucoup d'aliments à chaînes glucidiques courtes peuvent très facilement être remplacés par d'autres à chaînes glucidiques longues. Ainsi, vous pouvez remplacer les pâtes aux œufs par des spaghetti de blé dur ; remplacer le riz à grains ronds et le riz à cuisson rapide par du riz précuit, du riz nature ou du riz sauvage ; remplacer les croquettes de pommes de terre ou les pommes de terre sautées par des pommes de terre en robe des champs ou à l'anglaise. On peut aussi avantageusement remplacer la chapelure par du gruau ou des flocons d'avoine. Au lieu de prendre de la farine de blé type 405, prenez de la farine de blé de type 1050, et remplacez le pain blanc par du pain complet. Pour ceux qui aiment les boulettes de viande, elles valent mieux que la réputation qu'on leur fait, et sont certainement plus digestes qu'une merguez grillée. Pour une recette complètement diététique, vous pouvez :

> Dans un premier temps, réduire la quantité de gras incorporé à la viande et compenser par une plus grande quantité d'oignons.

> Dans un deuxième temps, éviter complètement le gras.

> Dans un troisième temps, dans le hachis, remplacer la mie de pain ou la chapelure par du pain complet et du persil.

> Dans un quatrième temps, remplacer l'œuf par quelques cuillerées à soupe de fromage blanc maigre.

> Et enfin, faire cuire les boulettes non pas à l'huile végétale mais à l'eau minérale (encadré).

L'eau minérale, un élément indispensable

L'eau minérale gazeuse est indispensable, non pas seulement comme boisson, mais aussi pour une cuisine diététique. Elle a vraiment tous les talents : plusieurs cuillerées donnent à un fromage blanc maigre une consistance crémeuse. Lorsqu'on l'emploie à la place du lait, les galettes à la farine de froment ou de sarrasin se font épaisses et moelleuses. L'eau minérale peut même servir à la cuisson dans une poêle antiadhésive. Vous en resterez pantois.

Achat des aliments : privilégier la qualité

Le changement d'habitudes alimentaires ne commence pas dans l'assiette, mais déjà lors des achats. Adoptez la devise des grands chefs : seuls les meilleurs produits ont droit de cité sur votre table. Par conséquent, achetez uniquement des aliments de qualité irréprochable et, particulièrement pour les fruits et légumes, uniquement des produits « bio », même s'ils sont plus chers que les produits en promotion au supermarché.

Satisfaire vos papilles

Les aliments bon marché sont produits en masse : ils ont perdu tout arôme et goût propre suite aux méthodes de culture et aux conditions de production. C'est pourquoi on utilise des exhausteurs de goût comme le sucre, la graisse, le sel et les arômes artificiels. Mais les papilles ne sont pas complètement dupes. Nous mangeons aussi des yeux, et pas au sens figuré. L'action coordonnée des yeux et des papilles apparaît très nettement lorsqu'on mange par exemple du saucisson factice très bien imité, mais fabriqué à partir de sucre. Les papilles sont irritées de la même manière lorsqu'on a envie d'une tomate et que l'œil envoie le message : voilà une tomate, mais que le goût de la tomate n'est pas au rendez-vous. Votre appétit pour la tomate n'est pas satisfait, parce que vos papilles ne le sont pas non plus. Conséquence : vous allez manger jusqu'à ce que votre appétit diminue, autrement dit beaucoup plus que vous le vouliez initialement. Et vous allez grignoter de tout, non pas parce que vous avez faim, mais parce que votre envie de tomate n'est pas satisfaite.

Fruits et légumes de saison, le plus possible « bio »

Pour manger des fruits et légumes parfumés et toujours frais, achetez des produits locaux à la bonne saison. Dans les magasins d'alimentation biologique et sur les marchés, vous trouverez des fruits et légumes délicieux et pas chers : ces produits n'ont pas fait le tour du monde avant d'arriver dans votre assiette, ils ont été cueillis et récoltés mûrs, et ils sont pleins de vitamines et de goût. Vous pouvez les déguster sans compter, ils sont tous excellents pour la santé.

Remplacer la quantité par la qualité ne revient pas plus cher

Faites tranquillement le compte : la qualité ne revient pas plus cher, parce que vous mangez moins, vous êtes plus longtemps rassasié et vous évitez de nombreux « écarts » coûteux. Pour le prix d'un jambon beurre, vous avez un kilo de carottes bio et pour celui d'un gâteau chez le pâtissier, vous avez des pommes de terre « bio » pour la semaine. Un pain de fabrication biologique fait autant de profit que cinq paquets de pain de mie. Faites-en l'expérience : une alimentation saine ne coûte pas plus cher. Même si c'est bien sûr un peu plus difficile de s'approvisionner correctement que d'avaler sans réfléchir les choses qui font grossir et que l'on trouve partout.

117

L'éducation du goût

Sincères félicitations : vous avez atteint vos objectifs à moyen terme et vous avez presque déjà réussi à modifier vos habitudes alimentaires lors du déjeuner. Vos papilles sont désormais prêtes à apprendre de nouvelles choses. Vous pouvez sans problème leur proposer d'autres saveurs. Dans cette démarche, vous devrez toujours vous poser la question :

> Est-ce que ça me plaît et est-ce que c'est meilleur que ce que je mangeais avant ?

Procédez comme indiqué dans le chapitre « L'avantage d'être celui qui invite » (cf. p. 72), car tout ce qui est bon pour les autres doit l'être tout d'abord et avant tout pour vous. N'essayez que des nouvelles choses correspondant à votre goût et proposez ces recettes tout d'abord seulement deux jours par semaine (mardi et jeudi, par exemple), catégorie par catégorie. Vous pouvez par exemple remplacer les légumes au beurre par une salade, la sauce à la crème par une sauce au yaourt, le rôti par du poisson, les pâtes aux œufs par des

Les légumes sont des éléments essentiels d'une cuisine saine et variée ; on peut les déguster crus et dans les combinaisons et les modes de préparation les plus variés.

pâtes au blé dur, ou encore vous préparer des escalopes non panées. Tout le reste, préparez-le comme d'habitude.

Régime alterné

Assez vite, une routine s'installe et vous pouvez alors passer à l'étape suivante :

❯ **Régime alterné.**

Cela semble compliqué, mais c'est très simple en réalité. Il s'agit d'alterner : pendant deux jours, prenez une alimentation équilibrée hypocalorique, le jour suivant revenez à votre ancienne alimentation, puis de nouveau pendant deux jours, passez aux « aliments minceur bons pour la santé », puis revenez le jour suivant à vos vieilles habitudes...

Deux recettes astucieuses pour les jours minceur

Poêlée de légumes asiatiques au riz

Pour 4 personnes
Par portion : 310 calories

200 g de riz blanc ou précuit ■ *250 g de filet de dinde* ■ *1 poivron vert* ■ *2 carottes* ■ *2 oignons* ■ *1 petite courgette* ■ *100 g de chou chinois* ■ *1 gousse d'ail* ■ *2 cc d'huile* ■ *200 g de pousses de soja* ■ *poivre fraîchement moulu* ■ *sauce de soja*

1. Mettez le riz préalablement lavé à cuire, à proportion de 2 volumes d'eau pour

1 volume de riz. Laissez mijoter 10 mn à couvert, puis retirez du feu et laissez gonfler 10 à 15 mn.

2. Dans l'intervalle, coupez le filet en lamelles. Lavez puis taillez les légumes en fines lanières. Épluchez l'ail puis réduisez-le en purée.

3. Dans une poêle avec un fond d'huile chaude, faites saisir la viande pour qu'elle soit légèrement dorée puis retirez-la du feu.

4. Faites revenir les légumes et l'ail 3 mn dans la poêle sans cesser de remuer. Ajoutez les pousses de soja et faites cuire le tout encore 2 mn.

5. Ajoutez la viande aux légumes et mélangez bien le tout. Poivrez puis agrémentez cette poêlée de légumes de sauce de soja. C'est prêt !

Variantes possibles

La poêlée de légumes peut prendre de multiples visages.

Vous pouvez en effet utiliser tout type de légume et donner au plat une note épicée ou très épicée avec du curry ou des piments.

La poêlée peut être préparée avec de la viande, du poisson ou des champignons, mais elle est aussi très bonne sans cela. Des bananes ou des morceaux d'ananas lui donneront une saveur exotique.

Elle s'accompagne volontiers de riz, ainsi que de pâtes vertes ou de spaghetti.

Spaghetti au poivron et au fromage blanc

Pour 4 personnes

Par portion : 360 calories

400 g de spaghetti de blé dur ■ sel iodé ■ 750 g de poivron rouge ■ 1 cc d'huile de germes de maïs ■ 10 cl de bouillon de légumes instantané ■ 100 g de fromage blanc aux herbes ■ poivre ■ 1 cc de pesto (conserve) ■ feuilles de basilic pour la décoration

1. Faites cuire les spaghettis dans l'eau salée en suivant les indications du paquet, jusqu'à ce qu'ils soient bien craquants sous la dent.

2. Dans l'intervalle, lavez puis coupez le poivron en fines lanières.

3. Dans un fond d'huile chaude, faites revenir le poivron sans cesser de remuer.

4. Déglacez le poivron au bouillon de légumes, incorporez le fromage blanc, puis salez légèrement et poivrez abondamment. Laissez mijoter le tout à feu doux 5 mn. Ajoutez ensuite le pesto.

5. Laissez égoutter puis versez les pâtes dans quatre assiettes. Nappez de sauce au poivron et au fromage blanc puis agrémentez le tout de quelques feuilles de basilic.

Variantes possibles

Cette sauce se marie également très bien avec des escalopes de poulet ou de dinde et du riz en accompagnement. Vous pouvez remplacer le poivron par des tomates ou des concombres. Pour donner une note chaque fois différente à la sauce, vous pouvez utiliser divers ingrédients, tels que romarin, ail, curry, poivre de Cayenne, sambal oelek, ou encore un mélange d'épices (cannelle, girofle, anis étoilé et gingembre, par exemple).

Autres recettes

Vous trouverez des suggestions compatibles avec votre nouvelle façon de cuisiner dans de nombreux livres de régime ou des livres de recettes à faible indice glycémique (GLYX). Si les quantités proposées vous laissent sur votre faim, il vous suffit simplement de les augmenter car il est toujours préférable de manger plus de spaghetti ou de poisson que de grignoter des cochonneries après le déjeuner.

L'astuce boisson

Enfin et surtout : buvez le plus possible. Souvent, on croit avoir faim alors que l'on a soif. Aussi, prenez pour habitude de boire un à deux verres d'eau avant les repas. Par cette simple astuce, vous serez beaucoup moins encombré. D'une part, vous constaterez souvent que vous avez soif et non pas faim. D'autre part, vous mangerez nettement moins en buvant beaucoup.

Victoire sur toute la ligne !

Grâce au régime alterné, vous aurez bientôt réussi à réhabituer vos papilles à une alimentation saine et équilibrée. Avec un effet secondaire intéressant : les exhausteurs de goût ne vous plaisent plus, car tout ce qui est préparé avec ces derniers est systématiquement fade. Vos papilles ont réappris à percevoir les différentes nuances gustatives des aliments.

Vous avez désormais atteint votre objectif final. Vous n'avez plus à changer d'alimentation, mais seulement à vous nourrir et à vous délecter des diverses nuances gustatives des aliments, tout en vous sentant en meilleure santé, plus en forme et mieux dans votre corps qu'aux temps des excès.

Le succès appelle le succès

Partie de la réorganisation de votre déjeuner, votre nouvelle manière d'aborder les aliments s'étendra tout naturellement à votre alimentation tout entière. La santé commence dans la tête, car c'est notre pensée qui dicte nos actes. Et la pensée est déterminée par notre apprentissage. Au cours d'un long effort, vous avez appris à penser davantage en termes de santé, à vous montrer plus sûr face à ceux qui veulent vous forcer à manger avec eux et à vous affirmer face au petit diable qui sommeille en vous. Avec vos promenades, vous avez acquis une toute nouvelle perception de votre corps. Grâce aux réussites, petites ou grandes, que vous avez connues, vous savez désormais que vous n'êtes pas un perdant et que vous pouvez réussir votre santé, comme le reste. Votre glycémie, mais aussi votre tension, votre métabolisme lipidique et votre cholestérol se sont nettement améliorés et sont peut-être déjà dans les normes. Il vous est ainsi plus facile de continuer et d'affiner chaque jour votre reconversion alimentaire. Le succès appelle le succès, telle pourrait être votre nouvelle devise dans la vie.

Vivre sainement, un vrai plaisir pour le corps et l'esprit.

Références

Adresses utiles

Aide aux jeunes diabétiques (AJD)
17, rue Gazan, 75014 Paris
Tél. : 01 44 16 89 89

Association française des diabétiques (AFD)
58, rue Alexandre-Dumas, 75011 Paris
Tél. : 01 40 09 24 25
E-mail : afd@afd.asso.fr

Ligue des diabétiques de France (AFD)
47, rue Montpensier
et 1, rue Ségure, 64000 Pau
Tél. : 05 59 32 36 01
E-mail : pau.liguediabetiquefrance
@worldonline.fr

Alliance Diabète
4, rue Belfort, 75011 Paris
Tél. : 01 53 27 08 04

Union des Maisons du diabète
124, rue Raymond-Derain,
59700 Marcq-en-Bareuil
Tél. : 03 20 72 32 82
E-mail : maison.diabete@uni-medecine.fr

Sites Internet

www.diabete-france.net
Site de l'AJD (Aide aux jeunes diabétiques)

www.afd.asso.fr
Site de l'Association française des diabétiques (AFD)

www.aedes.fr.st
Site de l'Association éducation diabète et santé

www.aflediam.org
Site de l'Association de langue française pour l'étude du diabète et des maladies métaboliques (Alfediam).

www.maison-diabete.info
Site de l'Union des maisons du diabète.

Dans la même collection

> O. et D. B. Carewitz, *En finir avec la cigarette*

> R. COLLIER, *Renaître grâce à une cure intestinale*

> B. FERVERS-SCHORRE, *Les hormones*

> S. FLADE, *Les allergies*

> B. FROHN, *Anti-âge.*

> M. GRILLPARZER, *Brûleurs de graisses*

> M. HEDERER, *Courir pour maigrir*

> E. HELLE, *Aloe vera*

> I. HOFMANN, *Rester mince après 40 ans*

> K. KOLB ET F. MILTNER, *Améliorez votre mémoire*

> E-M. KRASKE, *Équilibre acide-base*

> D. KUHN, *Minceur et santé pour votre enfant*

> B. KÜLLENBERG, *Les bienfaits du vinaigre de cidre*

> I. LACKINGER KARGER, *La ménopause*

> D. LANGEN, *Le training autogène*

> M. LESCH, G. FÖRDER, *Kinésiologie : réduire le stress et renforcer son énergie*

> N. NOLLAU, *Faire son bilan de santé*

> D. PFENNINGHAUS, *Se sentir bien*

> E. POSPISIL, *Le régime méditerranéen*

> N. S. SABNIS, *Mincir en douceur grâce à l'Ayurveda*

> G. SATOR, *Feng Shui. Habitat et harmonie*

> S. SCHMIDT, *Fleurs de Bach et harmonie intérieure*

> K. SCHUTT, *Massages. Bienfaits pour le corps et l'esprit*

> K. SCHUTT, *Ayurveda*

> A. SCHWARZ ET R. SCHWEPPE, *Thé vert*

> H. P. SEELIG, *Analyses médicales*

> B. SESTERHENN, *Purifier son organisme*

> H-M STELLMANN, *Médecine naturelle et maladies infantiles*

> W. STUMPF, *Homéopathie pour les enfants*

> S. TEMPELHOF, *Fatigue chronique, Fibromyalgie*

> S. TEMPELHOF, *Ostéopathie*

> C. VOORMANN ET G. DANDEKAR, *Massages pour bébé*

> F. WAGNER, *L'acupression digitale*

> F. WAGNER, *Le massage des zones réflexes*

> M. WERNER, *Les huiles essentielles*

> G. T. WERNER ET M. NELLES, *L'école du dos*

> M. WIESENHAUER, A. KERKHOFF, *Homéopathie anti-stress*

> R. ZAUNER, *Soigner le dos par des méthodes naturelles*

Index

Crédits photographiques

Bischof : 17, 73, 111, jaquette 4 d., 2 d. ; Corbis : 26, 30, 40, 63, 80, 97, 113, 2 g., 129 h. ; digital
vision : jaquette 4 g. ; getty images : 14, 32, 44, 56, 71, 129 b. ; IFA : 85, 92, 99, 118 ; Jump : 38, 94 ;
Lenz : 104, 105, 3 d. ; Masterfile : jaquette 1 ; Mauritius : 8, 42, 78, 88, 121 ; Photonica : 50 ; Stock-
food : 23, 75, 76, 69, 115, 120 ; Wildlife : 58 ; Zefa : jaquette 2, 4, 6, 20, 34, 54, 57, 83, 91, 108, 3 g.,
128

Mise en page : Facompo – Lisieux.

Traduit de l'allemand par Claude Checconi.

Pour l'édition originale parue sous le titre *Diabetes, Neustart in ein gesundes Leben*
© 2005, Gräfe und Unzer Verlag, Munich, Allemagne.

Pour la présente édition :
© 2006, Éditions Vigot – 23, rue de l'École-de-Médecine, 75006 Paris, France.
Dépôt légal : octobre 2006 – ISBN (10) : 2 7114 1826 X – ISBN (13) : 978 2 7114 1826 8
Imprimé en Chine par Media Landwark Investments Ltd, Hong-Kong en septembre 2006

L'essentiel
en un coup d'œil

Concrétiser ses désirs

La plupart des gens ne savent pas comment retrouver une glycémie normale. Pour y parvenir, il faut se fixer des objectifs concrets et bien se préparer.

LE PETIT DIABLE
QUI SOMMEILLE EN NOUS

« En vérité, je suis quelqu'un d'autre, mais j'y arrive tellement peu souvent ». La faute au petit diable qui sommeille en vous. On le connaît tous : c'est lui qui est à la manœuvre lorsque des marcheurs passionnés restent cloués dans leur fauteuil, lorsque des gens performants et volontaires remettent leurs projets à demain ou lorsque de grandes ambitions s'évanouissent avec le temps. Maîtriser le petit diable pour enfin devenir la personne que l'on est réellement, ce n'est pas aussi difficile que le croient beaucoup de gens.

J'AI DU DIABÈTE
DE TYPE 2, ET ALORS ?

Le diabète de type 2 ne fait plus aussi peur. Les spécialistes recommandent de parler de « santé réduite », car tout diabétique doit respecter un petit nombre de restrictions. Mais s'il y parvient, cela lui donne la possibilité de reprendre confiance en lui, de retrouver sa ligne et sa forme, ainsi que toutes ses capacités.

Savoir se hâter lentement

« Il y a plus important dans la vie que d'aller toujours plus vite » disait le Mahatma Gandhi. Quand il s'agit de santé et de bien-être, on pourrait ainsi compléter cette maxime : il n'y a rien de plus insensé que de rechercher un succès rapide.